使えば増える!

お金の法則《ルール》

ワクワクしながら資産づくり

垣屋 美智子

KAKIYA, Michiko

時事通信社

これからの時代を生き抜くために必要な
あなたの〝資産形成マインド〟を
最初にチェックしましょう！

次の項目の中に該当するものはありませんか？

- □ 家は会社の駅の沿線で選ぶ
- □ 車を買うなら新車を買う
- □ 家を買うなら新築を買う
- □ 結婚指輪はティファニーや
  ハリーウィンストンなど
  ハイブランドの中から選ぶ
- □ 住宅ローンなどの借金がない。
  もしくは繰り上げ返済している
- □ コンビニやスーパーでは現金で支払う
- □ 生命保険に入っている
- □ 節約をしている
- □ ふるさと納税が好き。
  控除上限額まで積極的に寄付している

Contents

使えば増える！　お金の法則《ルール》
ワクワクしながら資産づくり

Chapter 3

「やっぱり新品よね！」の罠 ――資産になるモノを見極める …………51

Chapter 4

貯金をしても貧乏に!?

Chapter 5

クレジットカードで「ながら資産形成」

Chapter 6

Chapter 7

ライフイベントは資産形成の好機
――生涯変わらない価値を優先して物事を考える

Chapter 8

Chapter 9

Prologue

プロローグ

誰も知らなかった「お金の法則《ルール》」

お金の増やし方には、法則《ルール》があるのを知っていますか？

お金を増やしたければ、貯蓄や投資などをする前に、**まずは、お金の使い方を知る必要があります**。


お金を上手に使えば、あなたの資産は増えていき、お金が手元に残ります。

効率的なお金の使い方こそが、お金を増やす法則なのです。

この本は、**効率的なお金の使い方で、資産を形成する方法を書いた本**です。


「無駄遣いもしないし、貯金もある。今さら、お金の使い方なんて知る必要はないよ」

「お金を貯めるには、出費を抑えて節約するのが一番よね」

などと思われる方もいらっしゃるかもしれません。

果たして、それでいいのでしょうか？


お金は、貯金してもそれ以上には増えません。何かに使わないと増えないのです。

でも、何に使えば増えるのでしょう。

冒頭でも示しましたが、あなたのお金の使い方で、次の項目の中に該当するものはありませんか。

- ☑ **家は会社の駅の沿線で選ぶ**
- ☑ **車を買うなら新車を買う**
- ☑ **家を買うなら新築を買う**
- ☑ **結婚指輪はティファニーやハリーウィンストンなどハイブランドの中から選ぶ**
- ☑ **住宅ローンなどの借金がない。もしくは繰り上げ返済している**
- ☑ **コンビニやスーパーでは現金で支払う**
- ☑ **生命保険に入っている**
- ☑ **節約をしている**
- ☑ **ふるさと納税が好き。控除上限額まで積極的に寄付している**

実は、「お金を残す・増やす」という観点で見れば、これらの項目は、すべてお金の間違った使い方を示しています。

どうして間違っているのか分からないという人は、本書を読み進めていただければと思います。該当するものを見直すだけで、お金はより多く手元に残りますし、あなたの資産は増えていくでしょう。
ちなみに、これは精神論ではなく、れっきとした会計学に基づく法則で、個人のお金の使い方に限らず、企業会計、企業業績にも当てはまります。

これまで私は、証券会社と運用会社で長年アナリストとして仕事をしてきましたが、そこで100社以上の日本株個別銘柄の分析や調査を行ってきた中で、この項目のような間違ったお金の使い方をしていた会社は、実際、業績が悪化し、結果として株価も下がりました。

例えば、業績が上がったなと思ったら、急に新築ビルに移転する会社は要注意です。人員拡大でオフィス移転というのはよくある話ですが、「なぜ新築ビル?」と疑問に思ってください。コスト管理の意識が低く、売り上げの伸びに比べて利益が上がっていないかもしれません。
また、無借金経営で内部留保として利益をため込んでばかりいる会社も要注意です。業績が横ばいになっていないか確認してみてください。借金がない代わりに、事業投資もしていないかもしれません。新しい事業がないとしたら、業績は今後悪化する可能性もあると考えてください。

話が少し企業のことにずれてしまいましたが、要は、たとえ事業で売り上げがしっかりある会社でも、お金を効率的に使わないと継続的に利益が残せないということです。

個人の場合でいえば、いくら**給与所得が安定しているとしても、節約と貯金と間違った買い物では、お金が残せない**ということです。

「リーズナブルだとしても、中古のマンションには住みたくない」
「住宅ローンの利子を払っているのはバカらしい」
そんなふうに思う人もいるかもしれません。
けれども、効率的なお金の使い方を学んだ後には、その考え方は変わります。

例えば、新築マンションのどこの部分に価値を感じて、その価値にいくら払うのが妥当なのか、また、住宅ローンを利用することで、手持ちの現金をほかの大事なものに使うことができたり、生命保険代わりに使えたりと、得していることもあると気づきます。

結果として、効率的なお金の使い方を学ぶと、本当に価値のあるモノにお金を使うようになります。そして、自分の持ち物に価値のあるモノが増えていくということは、お金が形を変え、資産をつくっているということになるのです。

世の中、絶対に儲《もう》かる投資など存在しません。株式調査をするアナリストとして世界中のファンドマネージャーと対話してきた私が言うのですから本当です。その道のプロでさえ損を出すのですから。

だからといって、お金に関して、何も対策をしなくてよいということではありません。

これからの時代は、「給与所得をもとに貯金・節約」だけをしているのでは、生活レベルを維持していくのが大変厳しくなるでしょう。

今こそ、お金に対する考え方を見直し、効率的なお金の使い方を学び、資産に対する新しい考え方を身につけるべきときです。

そう、「**資産形成マインド**」を身につけるのです。

資産形成マインドを持ってお金を使う。そうすれば、あなたは価値のあるモノに囲まれ、楽しくお金を増やすことができます。

これこそが、今の時代のお金の増やし方の法則だと思います。

この本で述べる資産形成のための効率的なお金の使い方は、「実践すれば、たった1年で資産が倍増する!」といった短期的効果をうたうものではありませんが、**誰でもいつでも始められます**。日々の生活の中で、身近であり、平穏な気持ちの中で楽しくできることばかりです。

楽しみながら、コツコツと少しずつ資産形成をしていってください。少しずつですが、それが後々に大きな違いになることでしょう。

Chapter 1

そもそも「資産」って、何？

──資産形成は楽しみながら、コツコツと

資産形成とは〝金融商品への投資〟ではない

「資産」と聞くと、金融資産だったり不動産だったり、証券会社や不動産会社などと取引がないと保有できないもの、購入に結構なお金が必要なものを想像しますよね。

「専門知識が必要そうだし、リスクもありそう、保有するのはハードルが高いのでは」と思う人もいるかもしれません。


でも、資産とはそういうものだけではないのです。

自宅を購入したなら、それは資産。家具も長く使えるものであれば資産、結婚が決まって婚約指輪や結婚指輪を買ったらそれも資産なのです。

それから大事なのが、自分自身。学生から社会人になり、自分の労働が客観的に評価されて対価が支払われるのですから立派な資産です。

そのもの自体に客観的な価値があるもの、いざとなったときにお金に換えられるものが資産ということになります。どうせお金を使うなら資産になるものに投じた方が、将来的に役に立つといえるのです。

もちろん、資産になるからといって金塊を買うのもよいのですが、金は本来生活に必要のないものですし、市況によっては売却しても利益が出るとは限りません。また、株式などの金融商品も同様です。日常の中で使えるものではない上に、日々価格が変動するので安心感がないため、資産として持つこと自体がストレスになりかねません。

資産づくりの基本は楽しみながら集められ、保有期間中も自分で使って楽しめることです。例えば、ビンテージジーンズが好きな人は、気に入って買ったものを、着て楽しむのはもちろんのこと、買ってから値段が上がると、見る目を認められたような気持ちにもなるのではないでしょうか。

そうはいっても、資産の価値が上がるというのは、楽しみながら資産形成したその後の結果であって、初めから**価値上昇を狙って資産をつくる必要はありません**。実際、生きていく上で使ったお金のうち、価値が上昇するものはそう多くはないでしょう。

けれども、価値がゼロになる消耗品を購入し続けるくらいなら、資産として価値が残るものにお金をかける方が、確実に資産形成をすることになりますし、長く使えるものに囲まれて過ごすことができます。

資産形成は楽しみながらコツコツと、難しい知識やリスクを感じないところから始めるべきです。

Rule

資産形成は趣味と実益を兼ねて、無理せず楽しみながら

"ハラハラドキドキ"するようなモノは資産にならない

そもそも金融商品を購入するということだけが資産形成ではありませんが、それでも金融商品を買おうと思っているのなら、その前に知っておいてほしいことがあります。

それは、**金融業界で働くプロと比べると一般人は圧倒的に情報量が少ない**ということです。

私は、証券会社と資産運用会社で上場企業の株を分析するアナリストとして仕事をしてきましたが、当時、日々受け取る投資情報のメールや電話は100件以上。また、担当する上場企業に直接取材することも、機関投資家だけのために開催される社長ミーティングなどに参加することも可能でした。

一方、個人では同じレベルの情報アクセスはありませんし、日々100件以上のメールを仕事以外で読むこと自体も現実的ではないでしょう。機関投資家との間には、情報格差が確実に生じるのです。

例えば、今日、ある企業の株価が下がっているとします。機関投資家（プロ）は前日の夕方に企業からの発表を見て、その後の説明会にも参加するので、株価が下がることも事前に予想

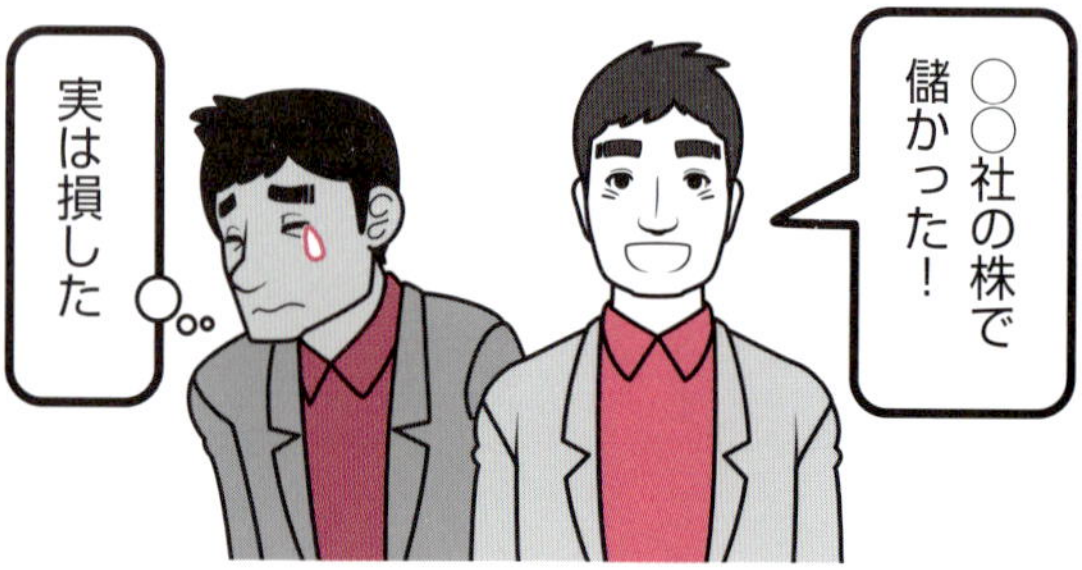

できますし、その背景も理解しています。一方、個人投資家（一般人）は株価が下がって初めて、ニュースで背景を理解するという具合です。

そしてもっと重要なことは、そんな金融業界で働いて最新の情報にアクセスができて、それで生計を成している**プロであっても損を出すということ**です。

ですから、株投資、為替投資などの金融投資は、「絶対に儲《もう》かる」とはいえないのです。

よく、「株で儲かったので家を買う資金にした」とか「○○社の株で儲かった」とかいう人がいます。それで、株を持っていない自分が損しているような気持ちになるかもしれません。しかし、ちょっと待ってください。**人は誰も損した話というのはしない**ものです。

実際、「株は儲かる」とはいえないだけでなく、会社が倒産すれば株価が0円になるリスクもあるのです。記憶に新しいところでは、日本屈指の大手航空会社であるＪＡＬの経営破綻がありますね。私の知り合いでＪＡＬの株主優待がほしいというだけの安易な理由で株を購入したところ、上場廃止になり、株主優待を手にすることができなかっただけでなく、株もただの紙切れになってしまった人がいます。

また、金融資産を保有することで、「今日は株が上がってる」「今日は下がっている」などと一喜一憂してしまうのですから、資産というよりギャンブルの性格が強いのです。しかも、自分では価格の上げ下げをコントロールできないのです。

株主優待として、株を保有している会社の商品が送られてきたりするのはうれしいですが、その商品を自分で購入した方が株価変動を考えるとリスクフリーといえます。

金融資産というのは価格が日々変わるのに、持っているメリットは日々享受できないので、資産として保有する認識は捨てるべきです。ゼロになってもよい前提で、余剰資金で運用することをオススメします。

Rule
金融商品は、資産としてはギャンブル性が強く、持っていても一喜一憂するので勧めない

"ワクワク"楽しみながら資産形成する

資産形成に向いているのは、保有している期間も楽しめるモノです。資産は客観的に価値があると評価されるから資産なのですが、それは高価で特別なモノである必要はなく、自分が日常的に使っているモノでもよいのです。

むしろ、**自分が使っていて十分に楽しめているモノに資産価値があったら、一石二鳥**だと思いませんか。

例えば、

・投資不動産ではなく自宅として不動産を保有する
・投資として金を購入するのでなく金のアクセサリーを保有する

など、実は身の回りでも資産として保有できるモノは結構あります。

不動産が全国的に暴落して自宅の価値が落ちたとしても、一生住むつもりで買った自宅なら、住んでいた期間の賃貸料もかかっていないので、残念な気持ちは少なからずあるとしても、損をしたという気持ちにはならないでしょう。

また、金のアクセサリーなら、そもそも身につけることが主目的で購入したのですから、金の価格変動を日々気にせずに過ごせるでしょう。

「最初から売却前提で購入しろ」というわけではありません。

売却前提で購入して、値段が上がらず損した気分になるのであれば、資産形成はしない方がよいということになります。

そうではなくて、**「自分が必要なモノで、どうせ購入するのであれば、資産価値まで考えてお金を使ってみてはどうですか」**という提案なのです。

例えば、同じ5万円のネックレスでも、一つはシルバーを使ったブランド物でブランドの刻印が大々的に分かるデザイン、一方はノーブランドで18金。資産価値として見るなら、ノーブランドで18金のネックレスの方が資産価値はあるでしょう。それでもブランド物の方がほしいと判断したら、それはそれでよいのです。

ただし、資産価値の違いを知らずにお金を使うのと、知って納得した上で購入しているのとでは違います。最終的に、**価値の違いを見る目が養われれば、モノを買う目も変わってきます**し、モノを買うときに、より妥当な価格で購入できるようにもなるのです。

資産形成は無理にお金を使って行うことではなく、いつも使っているお金の中で行うことです。自分の持っているモノが資産であれば、日常がなんとなく明るいものになること間違いなしです。

Rule

いつもの買い物で楽しく資産づくりをしよう

"一獲千金"狙いは人の心を支配する

楽しみながら保有できるといえば、宝くじです。「当たれば億万長者になれるかも～！」なんて想像する期間は楽しいですよね。しかし、当選しなければただの紙切れになってしまうわけで、残念ながら宝くじに資産価値はありません。

実際、**宝くじの当選確率は非常に低い**のです。

ドリームジャンボ宝くじの1億円の当選確率は500万分の1などと聞きます。15歳～64歳の日本人男性の中でW杯サッカー日本代表23人のうちの1人に選ばれる確率が163万分の1ですから、サッカー日本代表になるより1億円を当てる方が難しいということになります。

しかも、このサッカー日本代表になれる確率は、15歳～64歳の日本人男性の総人口から単純算出したもので、実際のサッカー人口はもっと少なく、その中でプロを目指してサッカーをしている人口から計算したら、選ばれる確率はもっと上がるでしょう。

一方、宝くじは情報収集や日々の努力が結果に影響せず、購入した人に平等に当選機会が与えられるため、500万分の1の確率を当てるのは相当の運が必要です。

そう考えると、宝くじは運に頼った〝一獲千金タイプ〟ということになります。

一獲千金という意味では、ギャンブルも同様です。

競輪や競馬、競艇などの公営競技は、一獲千金を狙おうと思って賭けをするのではなく、あくまで余剰資金の範囲で娯楽の一環として行うべきです。

株投資なども同様です。絶対に避けたいのは、心を支配されてしまうことで、寝ても覚めても結果が気になるというのは、精神状態としては正しいといえないでしょう。

ちなみに、私は宝くじや公営競技のＣＭに有名人がたくさん出ているのを見ると、はずれた賭け金が膨大だからこそ、有名人を使った広告宣伝費が捻出できるんだろうなと想像してしまいます。

資産はコツコツと形成していくべきで一獲千金ではできません。繰り返しますが、一獲千金タイプのモノにお金を使うときは、「なくなってもよい余剰資金の範囲で」が鉄則で、間違っても、「いつか大金を手に入れられるから」と無計画にお金を使うべきではありません。

Rule

一獲千金を狙うのではなく、資産はコツコツと少しずつ形成していこう

Chapter 2

お金持ちの財布はすっきり軽い

──まずは資産流出を食い止める

無駄遣いをやめれば資産が増える？

資産づくりにはもちろん資金が必要ですが、**重要なことは〝自分サイズ〟から始める**ことです。いきなり不動産を買ったりする必要はないですし、膨大な資金も要りません。

それよりも、まずやらなければいけないことは、**「資産形成マインド（心構え）」を持って、正しくお金を使う**こと。そして、そのための最初のステップとして、生活を見直し、資産が流出していないかどうかを見つける必要があります。

例えば次の項目について、皆さんは心当たりがありませんか。

- ☑ **節約をしている**
- ☑ **セールで積極的にモノを買う**
- ☑ **使わないモノはネットなどで売っている**
- ☑ **ポイントカードを活用している**

これらはどれも出費を抑えて資産づくりに役立っているように思えるかもしれませんが、実は、資産の流出につながっています。

さらに、資産形成にはまったく関係なさそうですが、こんな人はいませんか。

☑ パンパンに膨れたお財布を持ち歩いている

資産の流出を防ぐことは、「できるだけお金は使わない」「無駄遣いをしない」という難行苦行のようなものではありません。また、「毎日高いモノを買うわけではないし、日々の生活ではいくら使っているかを気にする必要はない」というわけでもありません。**生活の中でどうお金を使うのかというところがポイントなのです**。

お金は日々使うものです。資産形成は、まず財布を見直すことから始まり、同時に生活自体も見直すことができるよいきっかけでもあります。

Rule
資産形成は、まず生活を見直すことから

財布がパンパンに膨れていませんか？

よくパンパンに膨れ上がって形が変形しているお財布を持っている人を見かけます。何が入っているのか見せてもらうと、商品券やポイントカード、レシート、お店の名刺、割引券などなど。レシートや名刺は携帯していることすら意識せず……。商品券やポイントカードも出し入れしているというより長年入りっぱなしの様子。割引券は行く予定があって入れているわけではありません。

使う出番がほとんどないもので財布の中が埋め尽くされてしまうと、肝心の現金が出しにくくなってしまいます。例えば、こんなことはありませんか。

お会計のときに、ごちゃごちゃしている財布の中からあたふたとお金を探し、ようやく見つかったお札でとりあえず支払いを済ませてしまう。そして大量の小銭をお釣りとしてもらってしまい、その小銭のせいで財布がさらにパンパンになる……。

何が必要な買い物で何が無駄遣いかの見極めは、本来はいたってシンプルです。

しかし、日々携帯している**財布がごちゃごちゃしていると、考え方まで複雑になってしまい、モノの価値が見極められずに無駄遣いも増えていきます**。

資金流出を抑えるためには、まず「財布はシンプルに」が原則です。

私の財布の中は、クレジットカード2枚、銀行のキャッシュカード、健康保険証、運転免許証、そして現金とお守りです。カードは合計5枚で、メンバーズカードなどは入っていないので、財布のカード入れの部分が膨らみすぎることもなく、買ったとき同様のスリムな形です。

しかも中に入れているお札はすべて新札にしているので、折り目によるわずかな膨らみもありません。財布を新調したときに、新札を入れた方が清潔感があり、新しい財布にマッチすると思い、新札を入れ始めたのですが、実際、新札が財布にきれいに入っていると気分がよいものです。

さらに、意外な効果を感じたのは、**財布に新札しか入れないと、あまりお金を使いたくなくなる**ということです。

新札は、わざわざ銀行の窓口に行って両替しないといけません。すると「少し口寂しいので

100円のお菓子を買う（⇒千円札1枚消費）」「3000円のなんとなく使い勝手がよさそうで、今だけセールになっている洋服を買う（⇒千円札3枚消費）」などと、その場の欲求を満たすためだけに「わざわざ時間を使って両替してきた新札を使いたくない」という気持ちが出てくるのです。

また、新札を減らさないようにお金を使うとしたら、電子マネーやクレジットカードが使えるところを優先して行くようになります。すると、クレジットカード明細があるのでレシートも取っておく必要がなくなり、財布が膨らむことも防いでくれます。

私の小銭の取り扱いも紹介しましょう。

私の場合、百円玉は帰宅したら貯金箱に入れています。そして、車で出かけるときに駐車場代として持ち出すか、あるいは銀行に新札の両替に行くタイミングで千円札に両替するので、小銭で財布がパンパンになることはありません。

電子マネーとお札で買い物は十分できるので、財布の中に百円玉がなくても生活が不便になることはありません。

このように、すっきりした財布を持つと、必要のない出費をしなくなって財布の出番が自然と減っていきます。**毎日肌身離さず持ち歩いている財布だからこそ、中身も外見もすっきり小ぎれいにしておきたいものです**。また、そうすることで、身だしなみ同様に他人からも好印象に見られるはずです。

Rule
すっきりシンプルな財布を持てば、資産流出を防げる

節約好きはお金が貯まらない！

はっきり申し上げます。

資産形成をしたいのであれば、まず節約行動をやめるべきです。というのも、そもそも節約行動と思っている行動が、ただの自己満足である場合も多いからです。

私の知人に節約が大好きな女性がいます。彼女は食事の後、お皿を洗うときお湯を使いません。ビニール手袋を使って冷水で食器を洗うのです。冬場だと冷たいし、お湯の方が汚れの落ちが早いのではと思います。洗剤のすすぎも時間がかかるようで、なんだか無駄に水を使っている気もします。

また、彼女は安い食材を求めてスーパーのはしごをします。そのための移動手段は車なのでガソリン代の方がかかっている気がします。それに車なので家までの持ち運びの苦労もなく、行ったお店の先々で、そんなに必要ではない〝お買い得品〟ばかりを買ってしまうそうです。

このように、**節約行動は客観的に見ると苦行なだけであったり、そんなに節約できていなかったりします**。本人は「節約している」と自己満足してしまうために、お金の使い方が改善されないという悪循環に陥りがちです。何より、**効果がよく分からない節約行動は時間の非効率な使い方になってしまいます**。

まず覚えておいてほしいことは、1円でも節約したいのなら、行動しないのが一番ということです。節約のために水で食器を洗い余分な時間をかける、特売を求めてスーパーに毎日車で出かけるなど、お金を使わないために労力を使うのであれば、家でじっとしている方がずっとお金を使いません。

また、その時間を自分に向けられます。節約行動に使う時間を、自分がいくら稼ぎ、いくら税金を払っているのかを把握したり（案外、いくら税金を払っているかを知らない人が多いです）、自分がどんな資産を形成できるのかを考える方が、ずっと資産が増える生活ができると思います。**日々の生活で節約ばかり考えて過ごすのは今すぐやめましょう**。

Rule

節約は自己満足であり、節約になっていない場合が多い

行き当たりばったりで小さな出費をしていませんか？

のどが渇いたらコンビニに立ち寄り、お店に入ったらなんとなくモノを買ってしまうなど、必要のないところで、ちょこちょこお金を使っていませんか。

これらは、まさに計画性のない消費行動です。

のどが渇いたといっても、脱水症状になるほどに水分が必要というよりは、なんとなくコンビニに寄りたいという衝動で立ち寄るケースが多いと思います。そして、欲望のままに、必要以上のモノを買ってしまうのです。

例えば、レジ周辺に陳列されているガム。１００円前後のモノが種類豊富にディスプレイされていて、レジ待ちをしている間に「気分転換に、あったらよいかも」と手に取って、そのまま購入してしまう……。

そもそも飲み物もガムもそんなに必要ではなかったはずです。コンビニに立ち寄ってしまったがために、無駄にお金を使ってしまっているのです。

こういった**無計画消費は、購入金額が高額でないケースが多い**です。**高額でないため、特に悩みもせず、欲望のままに購入してしまう**のです。

それから、本人には自覚がないかもしれませんが、「お金がない」と口癖のように言っている人ほど、外出先で率先して買い食いするなど、よく無計画消費をしています。そういった人は、買い物をしている回数が多く、買い物をするたびにお金が減るので、「お金が減っていく。お金がない」と感じる機会が多いのだと思います。

そう、**「お金がない」と言う人の方が、小さい出費をたくさんしている**のです。

いつもコーヒーを片手に持っていたり、カフェに行くと食事時間でもないのにコーヒーだけでなくパンケーキもオーダーしたり、待ち合わせに間に合うように焦ってタクシーに乗ったり……。そういう人が「お金がない」と言うと、「お金がないって言うわりには、お金使ってるよね」と思わず突っ込んでしまいたくなります（笑）。

また、公園に来る親子連れを観察していると、お金の使い方の違いが顕著に分かります。公園での子どもの行動というのは、大体予測可能です。遊ぶ↓転ぶ↓バンドエイドが必要になる↓「のどが渇いた」と言ってくる↓「お腹が空いた」と言ってくる↓「では帰ろう」と言うと「帰りたくない」と言ってくる、のパターンです。

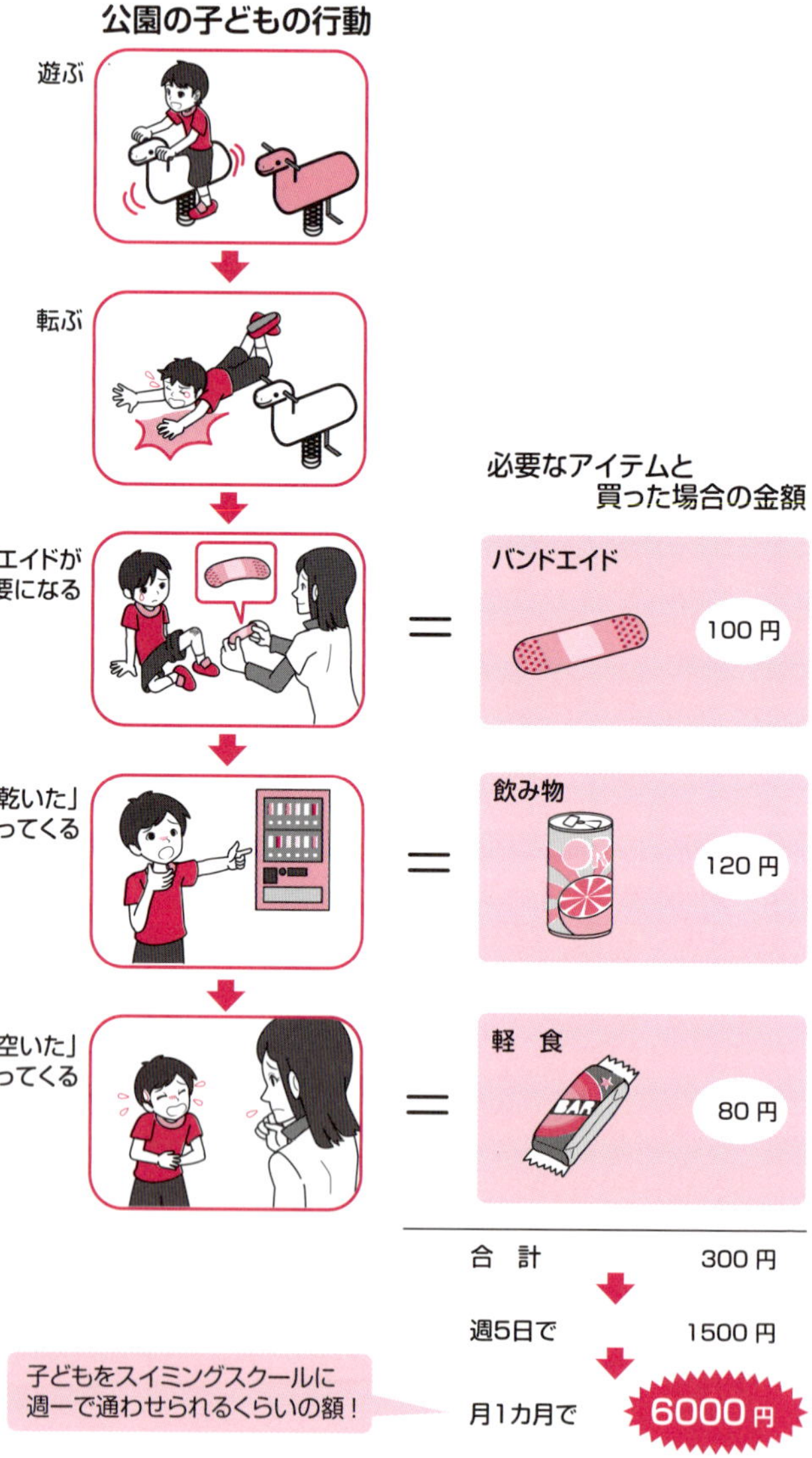
公園の子どもの行動
遊ぶ
転ぶ
バンドエイドが
必要になる
「のどが乾いた」
と言ってくる
「お腹が空いた」
と言ってくる
必要なアイテムと
買った場合の金額
バンドエイド
100 円
飲み物
120 円
軽　食
BAR
80 円
合　計
300 円
週5日で
1500 円
月1カ月で
6000 円
子どもをスイミングスクールに
週一で通わせられるくらいの額！

このパターンで母親が持ってないといけないアイテムは、絆創膏《ばんそうこう》、飲み物、軽食です。これを持ち合わせていないと、自分の子どもだけ水分をとらなかったり、他の子どもの軽食をもらったりすることになってしまいます。

そこで、手ぶらで来た母親は当たり前のように現地調達をすることになりますが、子連れでコンビニに行くのは、かなりの危険行為です。「あれもほしい」「これもほしい」という子どもを抑えるのにも労力を使い、結局、余計なモノまで買うはめになります。

1日の現地調達額が仮に300円だとして、週5日で1500円、1カ月で6000円の余計な出費になります。子どもをスイミングスクールに週一で通わせられるくらいの額ですね。

行き当たりばったりの生活をして、無計画に消費していくのではなく、自分の生活パターンの中で、余計なモノを買うようなことがないように、行動を見直してみましょう。

特に小さい出費ほど、意識をせずに使っていることに気づくのではないでしょうか。

Rule
「お金がない」が口癖の人は、無計画な小さな出費をたくさんしている

買い物欲を満たすために買い物していませんか？

お店に行くと何かを買いたくなってしまう、そういう人はいませんか。

そういう人は、何かを買って帰りたいという衝動で、「人へのプレゼント」などと、わざわざ理由をつくって購入してしまうのです。


私の場合、母と祖母が必ず私のパジャマを買ってきます。

母が買ってくるのは子どもの頃からの流れなので（もう私もいい大人ですが）、親の愛情と思い、断らずに受け取っていましたが、祖母までもがパジャマをくれるのです！

「たまに会ってパジャマをくれるなんて、私のことをいつも思ってくれているのだわ」と、祖母からのパジャマもありがたく受け取っていましたが、はっきり言って、母が買ってくるパジャマも祖母が買ってくるパジャマも、私の好みのデザインでないし……。自分では絶対買わないパジャマで過ごす家での私の姿は、間違っても他人に見られたくありません（笑）。

そんなパジャマ在庫を抱えている私が、ある日、母と買い物に行ったときに、「このパジャマ、かわいいから○○ちゃん（私の子ども）に買うわ。家で着るからデザインが気に入らなくても大丈夫でしょ」というのを聞いて、母と祖母、二代にわたって私にパジャマをくれる理由がようやく分かりました。

母も祖母も、買い物に出かけて何も買うモノがなかったときに、人のパジャマを買うことで「買い物欲」を満たしていたのです！

これまで愛情だと思って受け入れていましたが、母と祖母のパジャマプレゼント攻撃の理由を知った私は、「寝るときくらい、自分の趣味で選んだパジャマを着たいの」と伝え、プレゼント攻撃も終わりを迎えました（先日、10年以上ぶりに自分でパジャマを選んで購入したので、それを着て過ごすのが楽しみです）。

話が私のパジャマにそれてしまいましたが、このように、モノを買って持ち帰ることが買い物の目的になると、目的を満たすために必要でないモノや、誰もさほど喜ばないモノにでもお金を使ってしまい、結果的に無駄遣いをしてしまいます。

「何かを買いたい」という衝動にかられたときは、それは「購入をした」という一瞬の満足感を味わいたいだけだと認識してみてください。そして、買い物に出かけて手ぶらで帰ってくることは悪いことではないと考えを改めましょう。

ウィンドウショッピングという言葉があるように、見て回って、情報収集して、購入の準備をする、というのも買い物のプロセスとしては正当なのです。せっかく交通費を使って時間をかけて来たのに、ピンとくるものがなかった日は、残念な気持ちにはなりますが、無理に何かを購入せずに、「今日は縁がなかった」と受け入れるようにしてみましょう。

Rule

店で買うモノがなかったら、買い物欲に惑わされず、手ぶらで帰ろう

セール品は甘い罠。お得感にお金を使っていませんか？

セールが大好きな人、いると思います。シーズンごとのセールやアウトレットモールでの買い物は、「安く買えた！」と〝お買い得感〟を味わえます。

けれど、「安いから」という理由で買ったモノの大半は、あまり大事にしていなかったり、買ったこと自体を忘れていたりすることもあるのではないでしょうか。

そう、**安くてもあまり使わないモノを買ってしまい、本当にほしいモノだったのか分からなくなってしまうのが、セールの落とし穴なのです**。

あるブランドのセール会場でのことです。

洋服を探していたひとりの女性がワンサイズ大きいのだけれど、気に入ったモノが見つかったらしく、買うか買わないか非常に悩んでいました。それを見ていた、その女性の友人は、「すてきな服だけど私ならサイズが合わないものは買わないわ」とポツリと一言。

的を射た言葉に、悩んでいた女性も絶句していました。

普通に考えて、ワンサイズ大きいものは買わないですよね。それでも、悩んでしまうのは、それが割引価格で、彼女がラックに戻したら誰かが買ってしまうと思ったからでしょう。結局その女性が買ったか買わなかったかは分かりませんでしたが、買ったとしても、きっとタンスの肥やしになるであろうことは容易に想像できました。

また、私の友人は、アウトレットモールに行くために、ホテルからタクシーを使っていました。ホテル代やタクシー代を考えたら普通にデパートに行ってもよいのではと思いますが、それくらい**セールの〝お買い得感〟は人を惑わせる**のです。

割安感に目がくらむのが、セール。「安いから」という理由がメインになっていないか、本当に気に入って買いたいのか、冷静になって判断するのは難しいです。

そんなときは、いったん店を出て、冷静になって考えることも必要です。お店の中にいると、「ここで買わなければ誰かが買っちゃうかも」などと思いますが、そんなことはほとんどありませんし、本当に在庫がなくなってしまったら、縁がなかったというだけなのです。

Rule
セールで買い物するのは、ただの無駄遣いになりかねない

それってリサイクル？——お古をあげない、売らない

誰かに「お古のモノ」をあげたり、ネットで売ったりしていませんか。

今は個人のネット売買サイトも増えていて、使ったモノを売るのはよいことのような風潮です。誰かにあげてよいことをした気分になったり、ネットで売ってお得感を感じたりして、確かに捨てるよりは環境的にも経済的にもよいのは間違いありません。

でも、そういうことが当たり前になってしまうと、「使わなければ誰かにあげればよい」という感覚で、手軽に買い物をすることに慣れてしまいます。


使わなくなったモノは、「ちょっと私にはサイズが合わなくなってしまったけど、すごくよいモノなの」「新しいモノを買ったので使わないけど、すごく高かったの」などと言って、他人にあげたりせず、思い切って自分でゴミ箱に捨てるべきです。


お古のモノをあげるのは、処分の責任逃れ以外の何物でもないのです。

間違って買ってしまった自分のミスや、趣味趣向が変わった自分に向き合うことも資金流出

を抑えるためには必要です。自分に向き合うことで買い物のクセも意識できますし、自分にとってどういうモノを買うと長く使うか、どういうモノは買い足す必要がないかが分かるようにもなります。

また、要らなくなったモノをインターネットなどで販売するのは、決して賢いお金の使い方とはいえません。売ることに慣れると「使わなければ売ればよい」という気持ちで買い物をしてしまいます。

さらに、売る人というのは、大体の場合、同じサイトで購入もしています。売って買う場合、むしろ買う方が高くなって、実際には出ていくお金の方が多いのではないでしょうか。

なお、例外としてお古のモノをあげてよいのは、子ども服やおもちゃなどです。身も心も成長する子どものモノは、あげる方も、思い入れがありながら手放さなければいけません。もらう方は経済的に助かりますし、愛着があるモノをもらえるのはうれしいものです。

Rule

お古のモノをあげるのは処分の責任逃れ。自分で処分し、今後に生かそう

夕食の買い物で毎日スーパーに行ってませんか？

ショッピング好きな人が浪費しがちなのは想像がつくと思いますが、日々の生活でも要注意なのが、食事のための買い出しです。

夕食の買い出しのために、毎日スーパーに行く人もいるかもしれません。

毎日、あるいは、ほぼ毎日スーパーに行く人に知っておいてほしいことがあります。

それは、**「買い物の回数と出費額は比例する」**ということです。

食材か総菜を買うかという食料の内容に関係なく、スーパーに行く回数が増えれば出費も増えます。つまり、**夕食の買い物は、毎日しない方が賢明なのです**。

毎日買い物に行くと、無駄に特売品やデザートを買うだけでなく、「今日のみそ汁用の豆腐は家にあったかしら？　一応、買っておこう」などと、念のための品まで買ってしまいます。

買い物に行かなければ、ある品でやりくりするのに、行くと余計なモノや念のためのモノまで買ってしまうのです。そして、使わないうちに賞味期限が切れて、ゴミ箱行きのパターンになるのです。

それに食材を毎日買いに行くのは、20世紀のスタイルです。今は冷蔵庫が大きく高性能です。1週間分の食材を冷蔵庫に保存するのに、何ら問題がありません。

「新鮮な刺身を毎日食べる」などのこだわりがないなら、食材は週1回の買い物で十分です。

それでも、毎日スーパーに行く理由は何でしょう。

冷蔵庫の中にあるものだけでは料理がつくれない。スーパーで食材を見ながらでないとメニューが決まらない。忙しすぎて総菜に頼りたい。重すぎて一度で運べない。などなど、理由はさまざまだと思います。

しかし、どれも切実なものではなく、〝生活の中のクセ〟を理由にしているだけです。「毎日の食事のためには、毎日スーパーに行くのが当たり前」と無意識に思い込んでいるだけなのです。

だから、考え方を変えてみましょう。

1週間買い物に行かない前提で、食材を買うようにするのです。1日ごとの献立を考えるのでなく、1週間の献立を考えて買い物をします。

家にある食材だけでどう料理すればよいのか困ったときには、食材だけを入力してレシピ検索ができるクックパッドなど、インターネットサイトの活用も有効です。

また、総菜に頼りたい人は、発酵食品や冷凍食品、真空パック加工されている商品を利用しましょう。下ごしらえの必要がなく焼くだけでよい魚の開きなどをメニューに取り入れるのもよいと思います。

1週間分の食材の持ち運びが大変だと感じる人は、重いモノをネットショッピングにして配達してもらうのはどうでしょうか。最近だと、スーパーの宅配サービスが増えており、その利用も可能です。

また、**1週間に1回だけのスーパーへの食材買い出しは、資金流出を防ぐ効果だけでなく、時短にも有効**です。

毎日30分スーパーに時間を使っているとすれば、1カ月で15時間になります。週1回の買い出しの場合、1回1時間とすると1カ月でたった4時間ですから、毎日買い出しに行くのに比べて、11時間もの時短効果があるのです。食材の買い出しでお金を無駄に使うだ

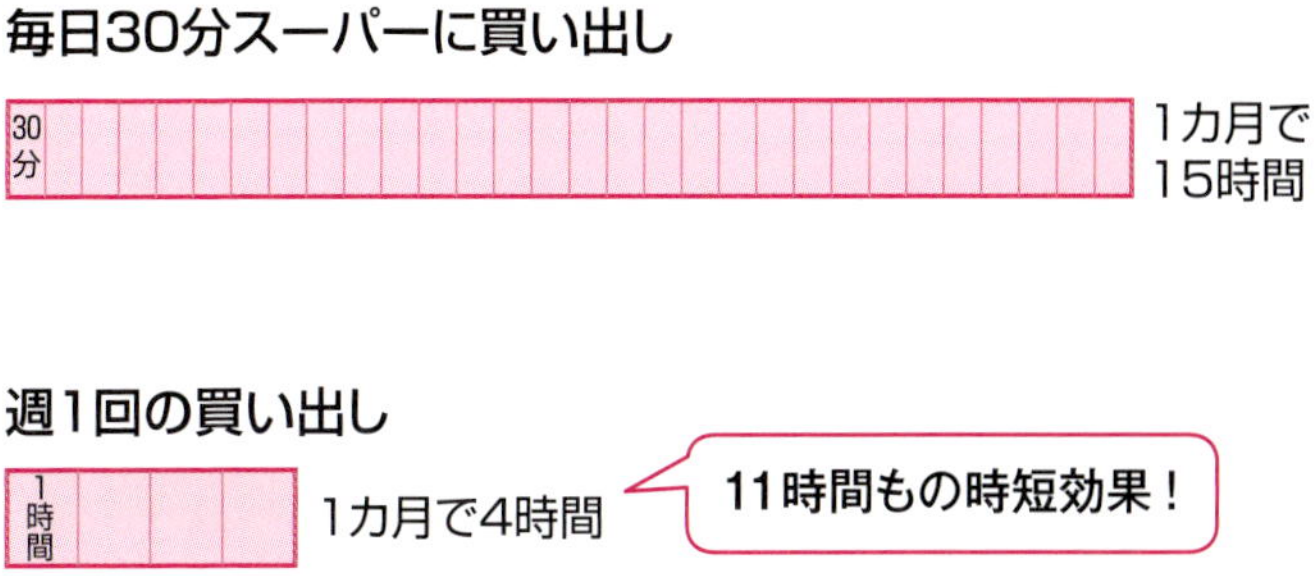

毎日と週1回の買い出し時間の比較

けでなく、時間まで無駄にしてしまっているのは非常にもったいないですよね。

毎日買い物に行く人というのは、そのつど「今日の夕飯は何にしよう」と考えるわけですが、まとめ買いをすると、1週間で大体何をつくるか決まってきますので、日々献立を考えないでよいのです。

さらには、まとめ買いをしているので、多めにつくって翌日以降も食べられるようにしたり、カレーとシチューのように手順が途中まで同じ料理は同時に調理をしたり、翌日以降の食事の下ごしらえもついでにしたりと、調理の中でも時短が可能です。

こうして使わずに済んだ時間とお金で、本を読んだり勉強したりして、自己投資に当てることができます。あるいは、ゆっくり子どもと向き合う時間にしてもよいと思います。

Rule 日々の食材は毎日買うのでなく、1週間分まとめて買おう

財布がポイントカードでいっぱいになっていませんか？

最近は、会計の際に「〇〇のポイントカードはお持ちですか？」と聞かれることが多々ありますね。持っていないと伝えると、当たり前のように「つくりますか？」と聞かれます。でも、ポイントカードばかり持ちすぎるのは問題です。

ポイントカードはポイントを貯めないと意味がないわけで、お金を使うことが大前提です。ポイントカードを行く先々でつくったところで、すべてのカードをそんなに使うでしょうか？そんなに頻繁に使うことはないですし、個人情報ばかり提供する結果になります。

また、こんなことを思わずしたことはないでしょうか。

２０００円で1ポイントつくポイントカードを持っていて、本来必要な商品の会計は１８００円でした。1ポイントを獲得するために、あってもなくても困らない品を追加で購入して合計金額を２０００円以上にするように頑張ってしまった……。

これは、ポイントのために無駄な買い物をしてしまった例です。**ポイントのために買い物を**

するのは、お金の無駄遣いだけでなく、思考の無駄遣いなのです。

最近では提携店舗が多いTポイントやDポイントなどもあり、1枚でどこの店舗でもポイントを貯められるという点では出番も多く、財布のスペースも取らないという利便性もあります。ただし、こういうポイントカードも3社あれば3枚携帯するのではなく、1社に絞るのが賢明です。

私の場合、1週間分の日用品を買うスーパーのポイントカードはつくっています。週1回しか行きませんので、カードも日常的には携帯していません。クレジットカード機能付きのTポイントは日々携帯して、使えるところでは積極的に提示しています。あとは、ネイルサロンのポイントカードと飛行機会社のマイレージカードを持っていますが、こちらは両方とも必要なときだけに携帯すればよいので、財布には入れていません。

それ以外のポイントカードは、つくったのかつくっていないのかを覚えきれないですし、自宅に保管しても邪魔になるだけなので、つくらないようにしています。それでも、「この店、結構来ているかも。ポイントカードをつくっておけばよかった」と後悔したことは、一度もありません。

ポイントも貯めれば資産になりますが、限られた資金の中で貯められるポイントには限度があります。また、ポイントカードばかりを財布に入れていたら、財布も煩雑になっていきます。ポイントカードはつくりすぎない、なるべく集約することを徹底しましょう。

Rule

ポイントカードは、できる限り集約して少なくしよう

Chapter 3

「やっぱり新品よね！」の罠

——資産になるモノを見極める

資産でないモノにお金を使っていませんか？

Chapter 2で資金流出を防ぐことを述べたので、ここでは、いよいよ資産になるモノを買うことについて述べましょう。

せっかくお金の無駄遣いをやめても、ここで間違ったモノを購入してしまったら、元も子もありません。資産を買っているつもりで実は消耗品を購入していたり、資産は資産でも高値つかみ（高値で買ったモノが後で値下がりすること）をしていたり……。

そういう目に遭わないためには、モノの資産価値について知る必要があります。

例えば次の時計の中で、購入後、10年使ったとして、資産価値が最も下がらないのはどれでしょう？　また、もしあなたが買うとしたら、どれを選びますか。

- ☑ **アンティークの高級機械式腕時計30万円**
- ☑ **フランスの有名ブランドのクオーツ腕時計40万円**
- ☑ **スマートフォンと連動するスマートウオッチ5万円**

これらの情報以外に何もないとすると、一般的に見て、右から順に資産価値は下がりにくいと考えます。

理由として、まず、**モノというのは最新技術を取り入れた革新的商品であればあるほど、技術改善が短期間で起こりやすく、既存のモノの価値は落ちやすい**といえます。電化製品はまさにこれに当てはまりますので、スマートウオッチの価値が最も早く下がるという説明ができます。一方で、機械式腕時計は何世紀もかけて少しずつ進化しているもので価値が下がりにくく、スマートウオッチとは対極にあるといえます。クオーツ腕時計はスマートウオッチと機械式腕時計の間になるでしょう。

次に、需給のバランスですが、スマートウオッチとクオーツ腕時計は大量生産が可能なので供給不足になることはありません。そのため、経年劣化により価値も徐々に落ちていくと考えられます。これに対して、アンティークの高級機械式腕時計は、**供給が「限定的」で、需給のバランスを考えれば、その価値は維持される**と想定できます。むしろ、そのアンティークの時計のブランドが再評価されれば、中古だとしても価値が上がっていくことさえあり得ます。

このように**モノの耐用年数と将来の需給のバランスをもとに、客観的にモノを見るとどれに資産価値があるかが分かります**。

さて、それでは、資産価値に納得ができたとして、あなたはどれを買いますか。

私なら、お金に余裕があればスマートウオッチを買い、お金に余裕がないのであれば機械式腕時計を買うと思います。

理由としては、スマートウオッチは欲しいとは思いますが、完全に消耗品なので、数年で使えなくなることが前提です。ですからお金に余裕がなければ買いません。けれども単純に時計が必要で、自分に余剰資金がなければ、一生使うつもりで機械式腕時計を購入します。もし30万円が用意できないのであれば、この時計を将来購入することを目標にして、その間は安い時計で代替するか、いっそのこと、スマホで代用し時計は持たないかもしれません。

資産でないモノを見極め、妥当な価格で購入するには、「欲しい」という主観で判断するのではなく、今の状態と未来の状態も含めて、モノを見る目が必要なのです。その上で、自分に合ったスタイルで資産を増やしていくのがよいと考えます。

Rule
モノの価値は、耐用年数と将来の需給バランスで決まる

「減価償却」の観点でモノを見る

モノの価値を見極めるためには、そのモノの寿命を見ます。食べ物であれば賞味期限、製品であれば耐用年数です。賞味期限同様、耐用年数が残り少なくなればモノの価格は安くなります。この耐用年数を会計の世界では「**減価償却年数**」といいます。

例えば、10万円で購入したパーソナルコンピューター（PC）の減価償却年数（＝耐用年数）が5年だとした場合、1年ごとに2万円ずつ価値が下がっていきます。丸5年たった後の価値はゼロです。

このPCを2年落ちで購入する場合、2年で4万円価値が下がるので、妥当価格は6万円になります（実際の取引価格は、使用状況と市況を加味して決められます）。ですから、**中古品が新品よりも価格が安くなるのは、誰かが使った後だからという理由だけでなく、新品でないため耐用年数が短いからということ**でもあります。

電化製品は、技術革新もあるため、最新モデルと比べたスペック（仕様・性能）の低さも減価償却年数が短く、最終的に価値がゼロになってしまう理由です。価値がゼロになるため、資産ではなく消耗品の部類に入ります。

少し前、テレビの画面が薄型ディスプレイに切り替わってきたときの話です。

わが家にも、夫が独身時代に購入した某メーカーのプラズマテレビがありました。当時は革新的な技術とフラットテレビということで100万円はしたと思われます。けれども、地上デジタル放送対応していないので地デジへの完全移行後は、専用のチューナーをつなげたりして耐用年数を引き延ばすべく使っていました。しかしその後、ネット対応がどうしてもできないので、15年使った後、ついに処分することになりました。ところが、中古買取りをしてくれる業者も見つからず、結局無料で引き取ってくれる業者にお願いするしかありませんでした。

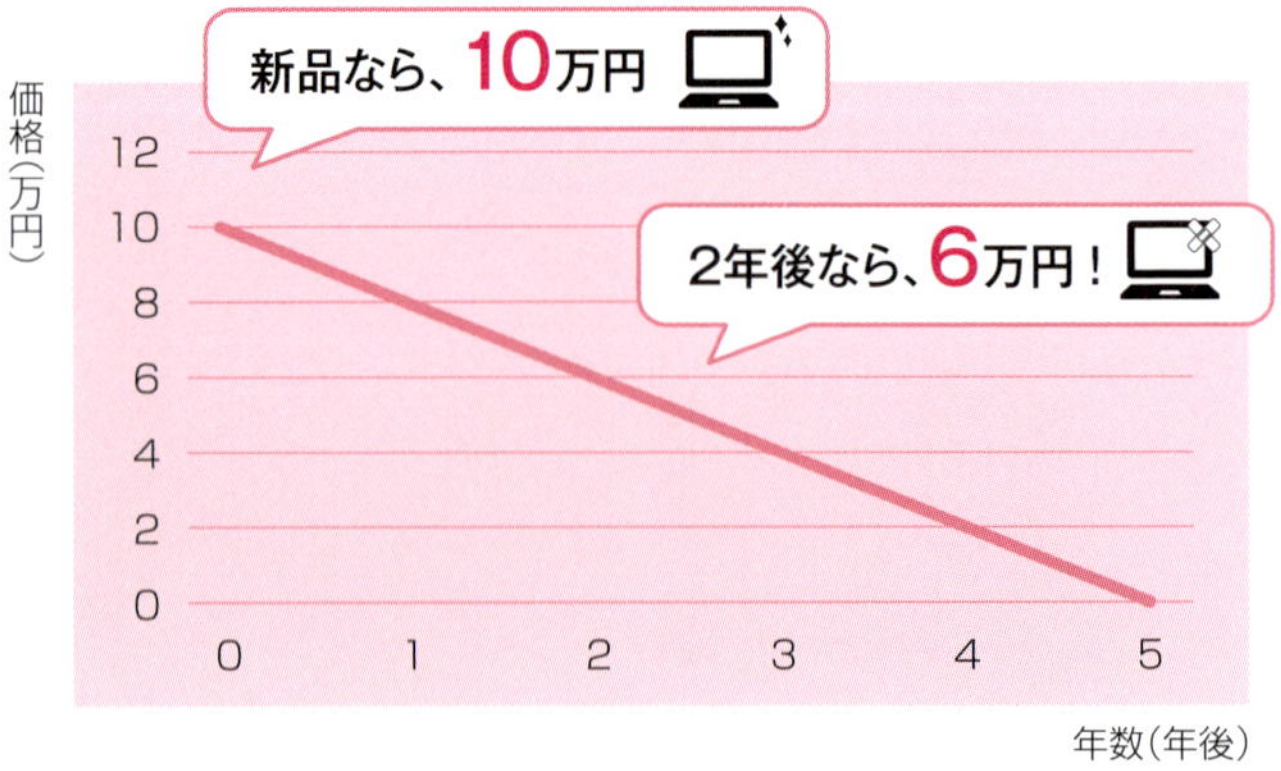

10万円のPCの減価償却年数

100万円のプラズマテレビを15年使ったということは、1年当たりの費用は6万7000円、1カ月当たり5000円強にもなります。この金額は15年使っての額ですが、10年で手放したとしたら、1年当たりの費用はもっと高い計算になります。

この例のように、新しい技術を即座に取り入れると、1年当たりの減価償却費が高すぎるということになるのです。

一方で、**技術革新などがほとんどなく長く使えるモノや時代の流行に影響を受けないモノなどは減価償却年数も長いので、価値が下がるスピードも遅くなります**。

例えば、ダイニングテーブルや鏡台などは、技術革新などあまり関係がないので、何度も買い替えることはなく、長く使うことを前提に高価なモノを購入してもよいと思います。

同じお金を使うのであれば、減価償却年数が長いモノ、つまり長く使えるモノを購入した方が、お金の使い方としては効率的です。言い換えれば、**長く使えるモノの方が価値は下がりにくいので、資産として適しているる**といえます。

Rule
資産としては、減価償却年数が長いモノが向いている

新車、新築、新〇〇ほど価値のないモノはない

私は大学卒業まで海外で生活していましたが、帰国後から常々感じているのは、日本人の「新品好き」です。

自動車を購入するなら新車、自宅を購入するなら新築、といった具合に、特に高額なモノほど新品にこだわっている気がします。車や家ほど高額でなくても、第一子にはお下がりを着せないとか、新居には家具を新調するとか、新しいモノを購入したがる傾向があるように思います。もしかしたら、日本人は「新品好き」というより、中古品に対して、ネガティブなイメージを持っているのかもしれません。

しかし、これらの新品志向は、あまり意味をなさないだけでなく、非効率なお金の使い方につながります。例えば、自動車（＝車）。

車は、本来〝移動のための箱〟ですし、使用期間に比例して値段は下がっていく消耗品です。アメリカでは、新車にこだわって買う人は少ないという印象があります。個人間取引で中古車

を売買するというのもよくありますし、最近だと車を所有せずリースするというのも聞きます。

では、消耗品である車を新車で購入するメリットはなんでしょうか。

自分の理想通りに、オプション内装がオーダーできること？　それなら、内装まで好みの中古を探せないのでしょうか？


恐ろしいことに、新車は納車されてキーを入れてエンジンをかけた瞬間に価値が下がるのですから、2～3年乗られた中古車を買った方がむしろお得なのではと思います。中古車なら、新品では高すぎて購入できない車にも手が届いたり、予算内で選べる選択肢が広がります。ディーラー保証などもあるので、決して粗悪というわけではないのです。

私の知人に、中古で1年落ちのBMWを購入した人がいます。新車価格の60％で購入したそうですが、中古で購入したとは思われないようです。彼は「消耗品の買い物としては、このくらいの価格が妥当」と言っていました。


持ち家にしても同様です。

新築にこだわるのは日本人だけで、イギリスでは築100年以上の建物だらけで、そういう古い建物をリフォームして使うのが主流です。

不動産は消耗品ではありませんが、建物や内装部分の価値は下がっていきます。そして、新築の場合、新車同様、「新」の部分に一定のプレミアムが上乗せされています。

「新」プレミアムは、住んだ瞬間になくなってしまうものですから、最初からプレミアムが落ちた物件を買った方が、支払う額に見合う資産を手に入れられると思います。

間違っても、「システムキッチンが気に入ったからこの家を買いたい」などと思わないでください。リフォームすれば間取りさえも変更できるのですから、キッチンの広さや機能は関係ありません。

変わらないのは、立地と日当たりで、それらを気に入ることの方が建物の新しさより重要なのです。できれば建物の価値がほぼないくらいの古い物件を購入して、リフォームするのがオススメです。リフォーム代を含めても、新築より値段を抑えられる上に、住み心地のよい家になると思います。

ちなみに、私も家を中古で購入し、リフォームしました。住み始めて8年がたちます。若い夫婦が中古マンションを購入するというのが珍しかったのかもしれません。当時は、「ずいぶん若い方が引っ越してきたんですね」とご近所に驚かれました。

高騰している都心の新築マンションよりも割安に手に入って、自分の好きなようにリフォームができたので、大満足です。

お金を効率よく使いたければ、何かを購入する際には、この対価に「新」プレミアムがどれだけあるかを考えてみてください。

中古マーケットも存在して、「新」プレミアムの価値にさほどの妥当性を感じないのであれば、むしろ中古を検討するべきだと思います。

Rule

新品にはプレミアム価格が上乗せされて高くなっているので、中古マーケットがあればぜひ検討すべき

求める人が多ければ、モノの価値は落ちにくい

資産価値を考える上で、需要と供給のバランスも重要です。

需要が供給を上回る（需要＞供給）状況になれば、モノの価値は上がり、反対に需要が供給を下回れば（需要＜供給）モノの価値は下がります。

例えば、悪天候が続くとキャベツや白菜が高くなったりしますが、それは生産数（＝供給）が落ちたことで「需要＞供給」の構図ができたためです。逆に暖冬などで野菜が早く成長してしまうと出荷量が増えて値段が下がってしまう場合もあります。「需要＜供給」の状況です。また、ディズニーランドの入場料が値上がりし続けている背景も「需要（入場希望者数）＞供給（定員）」が成立しているからです。

需給のバランスは時代によって変わることもあります。

「需要＞供給」の状態からさらに需要増になって、需給が逼迫《ひっぱく》状態なのがアメリカの大学です。アメリカの大学の学費は、物価上昇率を上回るペースで高騰していて、学生が卒業後も学生ロー

ンの返済に追われるケースは珍しいことではありません。理由は公的資金が打ち切られていく一方で、教授などの人件費、キャンパスの維持費などにつぎ込む必要があるからです。

それならば、アメリカの大学進学率が落ちているかというと、むしろ上昇しています。

世界的な基準として使われる英タイムズ・ハイヤー・エデュケーション社による2018年の世界大学ランキングでは、上位30校のうち19校がアメリカの大学ですので、アメリカ国内だけでなく海外からの入学希望者も多いことでしょう。

実際、このランキングの上位にランクインしている私の出身大学カリフォルニア大学バークレー校（University of California, Berkeley）の学費を調べてみましたが、1999年当時の学費、年間1万3750ドル（約157万円）から2018年は年間4万6170ドル（約502万円）と3倍強に引き上がっています(日本円は1999年と2018年の平均為替レートをそれぞれ適用して換算)。

1999年当時も志願者が定員をはるかに上回っていましたが（需要＞供給）、授業料が3倍強に引き上がった現在でも、さらに需要（入学希望学生数）が増えている状況です。

一方で、時代の流れとともに「需要＞供給」→「需要＝供給」→「需要＜供給」になっているのが日本の大学です。

日本は少子化で15歳未満の子どもの数は1982年から一貫して減り続けています。現在、日本の大学数は国公立・私立合わせて800校弱あり、日本私立学校振興・共済事業団によれば、私立大学の44・5％が定員割れの状況とのことです（2016年5月1日時点）。

人口減に加えて、テクノロジーの進化もあって「需要＜供給」になり、数が減ってきているのはガソリンスタンドです。低燃費化やハイブリッド車、電気自動車の登場でガソリンスタンドの数は右肩下がりです。資源エネルギー庁の発表を見ると、1989年と比べて2016年のガソリンスタンドの数は46％も減っているのです。

人口減が将来どのようにモノの価値に影響するかを考えることは、特に日本において資産形成をする上では非常に大切な要素です。

常日ごろ、将来の需給バランスを意識するようにしましょう。モノの価値を見る目を鍛えられる上に、長期的な目線で物事を考える習慣も身につくことでしょう。

Rule

需給バランスを常に意識し、長期的な目線で物事を考えること

お金持ちがバーキンを選ぶのは理由がある

移り変わりの激しいファッション業界で、常に「需要＞供給」の構図を維持し続けているアイテムがあります。ファッションにあまり興味がない人でも聞いたことがあるはずのアイテム、エルメスのバーキンです。

私の友達のフライトアテンダント曰く、「２０００年代始めのユーロが導入された頃は、バーキンは30万円で買えたのよ」とのこと。

エルメスのバーキンといえば、今では２００万円はしますし、新品を購入するのは至難の技です。彼女の言っていることをもとに計算すると、２００３年から２０１８年の15年ほどの間に、バーキンの価格は30万円から２００万円と年平均成長率13・5％で上昇したということになります。

このデータを裏付ける調査データもありました。

インターネットで高級バッグを再販するバッグハンター（Baghunter）の調査によると、**バーキンの価格は、1984年の発売当初から一度も下落することなく、毎年その価値が14・2％上昇している**とのことです。

バッグハンターによると、バーキンがこれだけの価格上昇を実現できている理由を、エルメスの「特別な顧客にだけ販売する」という方針により、需要に対する供給不足を実現しただけでなく、「バーキンを持つ」という新しいステータスを提供することに成功した結果、と説明しています。

ブランディングの成功だけでなく、私がすごいと思うのが、バーキンはデザインが発売当初からあまり変わっていないということです。

流行の浮き沈みの激しいこの業界において、**同じデザインで30年以上たっても世界的に供給不足の状態にある商品は稀《まれ》です**。ですから、デザインが安定していて、希少価値があり、根強い需要も世界的にあり、結果として価格が上がり続けているバーキンは、消耗品になりがちなバッグでありながらも資産として認識してもよいのではと思うのです。

バーキンを親子二代で使える資産として考えてみては、どうでしょうか。

バーキンの価格が現在２００万円程度だとしておいても、今２００万円を子どものために貯金しておいても、為替変動やバーキン自体の値上がりで、20年後にバーキンを買おうにも２００万円では買えない可能性もあります。それならば、今、購入して、大事に使ったバーキンを20年後に子どもに譲った方が賢いのではないでしょうか。

バッグハンターの調査による発売からの14・2％という年率価格上昇率が、向こう20年間続くとしたら、20年後の新品のバーキンの価格は２８００万円です。にわかには信じられない価格ですが、同じように数千万円になったスイス製の時計も存在しますし、あり得ない話でもないかもしれません。

バーキンは、**無駄遣いではなく「資産形成している」という確かな実感を持てる**上に、「バーキンを持っている」という優越感に浸ることもできます。さらには流行にとらわれないファッションも身につけられるとは、なんてマルチなバッグなのでしょう。

今後も価格上昇が続くとしたら、ますます手に入りにくいバッグになるので、買うなら今かもしれません。200万円のバーキンを持つことで、流行を意識する必要もありませんし、他のバッグを買いたい気持ちもどこかに消えてしまうでしょうから、今後のショッピングへの時間もお金も節約できるという二次効果もありそうです。

もちろんエルメスはバーキンを特別な顧客にしか販売をしないそうですので誰もが買えるわけではありませんが（だからこそ希少価値があるのですが）、自分が持ちたいと思っているバッグで買えるチャンスもあるなら、資産形成も兼ねて検討しない手はないのではと思います。

Rule
価格が下落しないバーキンは、ファッション以上に資産である

資産価値のないモノにローンを使っていませんか？

電化製品でも自動車でも不動産でも、**ローンで支払うオプションがあるとして、ローンを使ってよいのは資産価値のあるモノだけ**です。

ローンは支払いを分割することで、初期の費用負担を軽減して買いたいモノを購入することが可能ですが、ローン利用に際しては手数料を支払うことになりますので、実質の支払い金額はローンを使わずに現金で買う場合より多くなります。

では、利息や手数料を払ってもローンを使うメリットはなんでしょうか。それは、現在の生活の経済負担を軽減することができるからです。

例えば、手元の資金を全部かき集めて自宅を現金で購入すると、手持ち資金がなくなり、その後、急に教育費や医療費などが必要になった際に、支払えないかもしれません。そういった場合に備えて、ローンを使うことで、無理のない範囲で頭金を支払い、残りをローンにすることができ、その後の急な支払いの心配が軽減されます。

資産価値のあるモノにローンを使った場合、金利や手数料は〝安心のための保険〟ともいえます。

資産の代表格の不動産を自宅としてローンで購入した場合、万が一失職などでローン返済ができなくなった場合は、自宅を売却すれば、売却金でローンを返済することが可能です。つまり、資産だからローン購入をして利子を払っても問題ないわけです。

一方で、「消耗品」にローンを使った場合は、どうでしょうか。

例えば、PCを購入するのに10年ローンを組んだとします。そのPCが3年で使えなくなっても（＝資産価値がゼロになっても）、残り7年間、ローンを支払い続ける必要があります。ですから、**価値がゼロになってしまう消耗品に、ローンを組むのはやめた方がよい**のです。

特に、社会人になってひとり暮らしを始める人は、テレビや洗濯機、冷蔵庫、電子レンジなど、消耗品である電化製品をローンを使って、一気に購入することはオススメしません。優先順位をつけて、お給料を使って少しずつ購入していくべきです。

Rule 消耗品をローンで買うのは勧めない

Chapter4

貯金をしても貧乏に!?

──キャッシュ以外の資産を持つメリット

キャッシュ以外の資産を持とう

そもそも、なぜ資産を持つことが必要なのでしょうか。

それは、**お金の額面というものは、信用できない**からです。言い換えると、お金の価値は、同じ額面でも時代によって変わってしまうからです。

例えば、1万円札は10年間放っておいても1万円のままです。だから、1万円の価値に変動はないと思うかもしれません。

しかし、10年後の1万円の価値は変動しているのです。


値段が市況によって変わる牛丼を例に、1万円で牛丼を何杯買えるのかで比較すると、２００９年12月時点のすき家の牛丼（並）は税込２８０円で、牛丼を35杯（計９８００円）買うことができました。それに対して、２０１８年は税込３５０円で牛丼を28杯（計９８００円）しか買えません。つまり、10年間で1万円の価値は牛丼7杯分落ちているわけです。

仮に、２００９年に牛丼35杯分の商品券を購入していたとしましょう。当時の価値としては

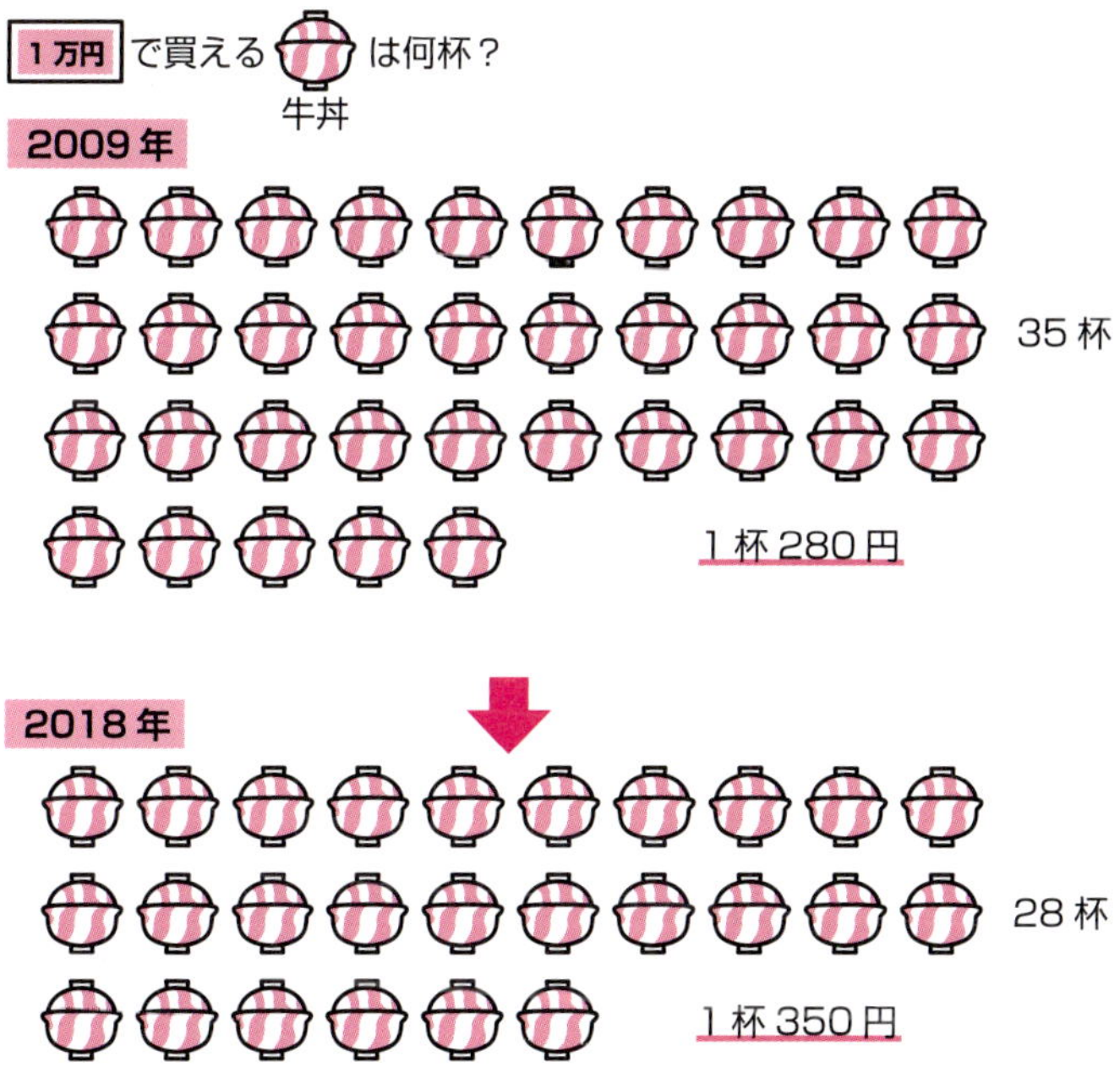

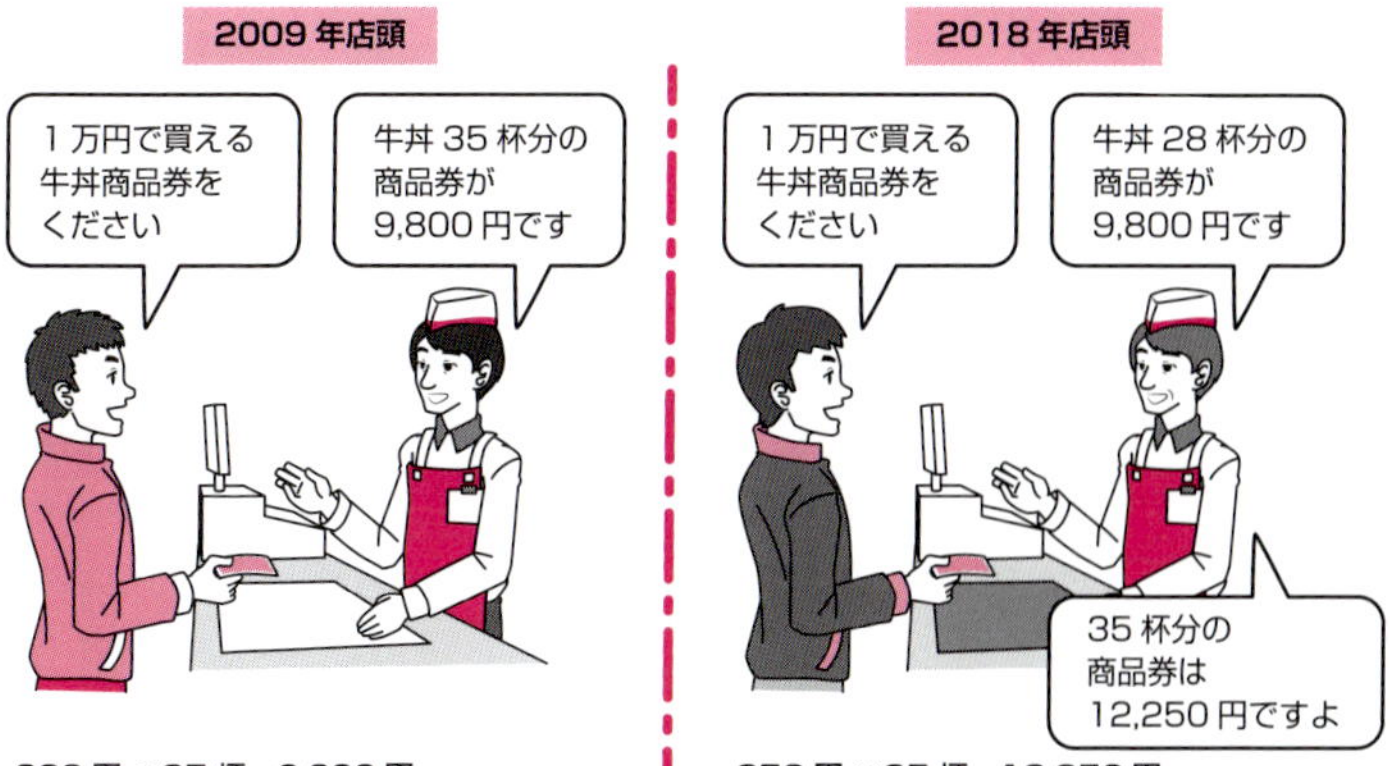

280円×35杯=9,800円

350円×35杯=12,250円

９８００円です（２８０円×35杯＝９８００円）。今の商品券の価値は牛丼35杯分で変わりませんが、現金に換算すると1万２２５０円（３５０円×35杯＝1万２２５０円）の価値があることになり、商品券の価値は２４５０円上昇しているということです。

一方で、この間に現金1万円をタンス預金していても1万円は額面通りです。ですから、額面は変わらないのに２００９年に９８００円の価値であった牛丼35杯分の商品券より価値が低くなっているともいえます。

私が「お金の額面は信用できない」といった意味が分かっていただけたでしょうか。

さらに円とドルの関係で見てみましょう。

アベノミクス前の２０１１年の年平均レートは、1ドル＝79・8円でした。それが２０１７年になると同レートは1ドル＝１１２・2円になっています。これは10ドルのものを買うのに、２０１１年は７９８円でよかったものが、２０１７年には１１２２円必要になったということです。

日本で暮らしているからわざわざドル換算する必要はないと思われるかもしれませんが、そんなことはありません。アベノミクス以降の円安ドル高で、私たちにとって輸入品は40％割高になってしまいました。

私たちから見て、車のガソリンも、バナナやコーヒーなど身近な輸入食材も、アイフォン（iPhone）に代表される外国メーカー製のスマホも、すべて40％値上がりしたということになります。もちろん、その間、お給料は40％値上がりしていませんよね。

日本円で給料をもらい、資産は預貯金だけという場合、すべての資産が日本円ですから、日本円の価値の上下に資産価値も影響されるわけです。

日本はここ20年デフレが続いているため、物価が下がり、モノがどんどん安くなっている中で、日本円を持っていても「損をした」という印象はなかったと思います。しかし、さまざまな産業がグローバル化する中で、今、私たちは日常的に外国製品に囲まれて過ごしています。そして、世界の物価上昇の中で、日本でもモノの値段は上がっていきます。その結果、日本円を持っているだけでは、どんどん貧乏になってしまうのです。

国内経済成長の見込めない日本において、増額が見込めない給与所得と低金利での円預金だけで将来に備えるのは、リスクが高すぎます。だからといって、3分の1をドルにして、もう3分の1を株にしてというふうに、無理矢理に資産を分散するのも投資色が強く一喜一憂しますし、オススメしません。

そこで、**自分が使うために買った価値のあるモノを資産とすることで、無理なく楽しみながら資産の分散をするのです**。

買うモノすべてが消耗品では、無駄遣いも増えてしまいます。できるだけ資産価値のあるモノを買うようにして、身近なところからお金を資産へ分散させていくというのは一つの対応策です。

Rule

将来に備えて、お金以外の価値あるモノを資産として持とう

データで分かる、給料が上がらないという事実

「給与所得は増額が見込めない」というと、仕事を頑張っていて評価されている人は、「そんなことはない、それは自分次第だ」と思うことでしょう。でも、客観的な材料を見ると、給料は上がらないどころか、国内の経済成長も見込めない現状が見えてきます。

ここ数年、「企業業績、過去最高を更新」というような見出しを決算期に見ますが、あなたのお給料は同じように過去最高を更新し続けていますでしょうか？　業績好調でボーナスアップがありましたか？　社会人になりたての数年ならまだしも、好調な企業業績の恩恵を受けている人はそんなに多くはないと思います。

給与が上がらないことを、企業側は社員に対してさまざまな理由で説明すると思いますが、それを鵜呑《うの》みにするのは間違いです。実際には企業は好業績だとしても社員の賃上げはできる限り抑え、利益を確保しているからです。財務省が公表している2016年度の法人企業統計によると、企業が得た利益から株主への配当などを差し引いた利益剰余金（金融業、保険業を

除く）、いわゆる内部留保は４０６兆円。しかも前年度よりも約28兆円も増え、過去最高を更新しています。

「内部留保」という蓄えを続ける理由として、企業側はもっぱら、「将来的な事業拡大に備えるため」などという説明をしますが、事業拡大が新規事業であれば、あなたには関係のない話です。また既存事業なら人員を増やす方向になり、既存社員であるあなたの給料アップに直結することはないでしょう。

次に、国内の経済成長を見てみましょう。

日本の人口は現在、1億２６７０万６０００人（２０１7年10月1日時点、総務省発表）で7年連続で減少しています。国立社会保障・人口問題研究所の発表によれば、この傾向は続き、２０４５年までに日本の総人口はさらに２０００万人減って、1億６４２万人になると予測しています（２０１８年3月30日）。

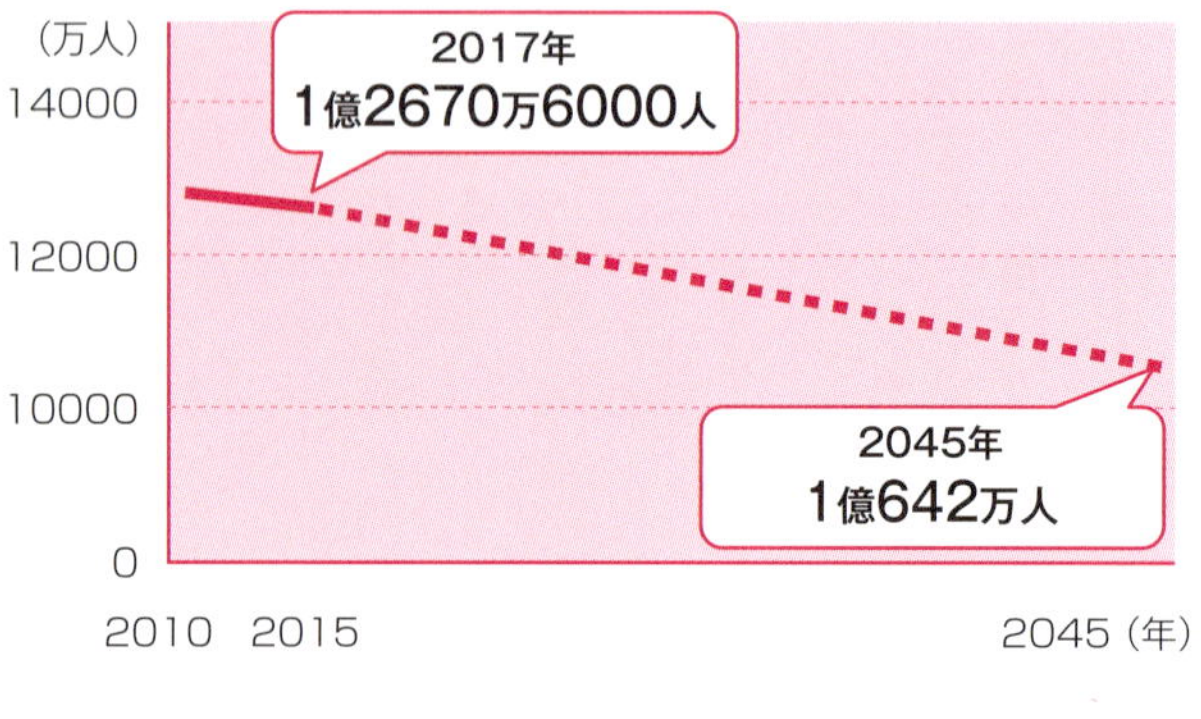

日本の人口推移（予測）

人口減少が続くということは、日本の消費は減り続ける一方となり、その結果、日本はビジネスにおいては成長しない市場という位置づけになります。

実際、日本企業が今、お金を使っているのは成長市場や成長分野への投資で、多くが海外企業との間で行われています。よく新聞で見かけるM&A（統合・買収）ですが、成長市場の顧客や成長分野の技術を取り込むための施策です。

日本企業の多くはゼロから海外進出するのではなく、顧客も含めた事業を取り込むために海外企業を買収し、スピーディーに海外での売り上げを増加させて、会社全体の売り上げを押し上げようとします。少子化でマーケットが縮小方向の日本では、日本企業でさえ、成長を海外に見いだし、内部留保を増やすことによって、海外進出の機を図っているのです。

こうしたデータを見るかぎり、**預貯金と給与だけを頼りにするべきでない**ことが分かります。これからの世代は、夫婦共働きが前提で、副業も考えた方が賢明でしょう。お金の使い方を考え、日々の生活の中でどのように資産がつくれるかを意識することが大切なのです。

Rule
会社の業績がよくても、給料は上がらない

インフレって何？

「インフレ」や「デフレ」という言葉は、新聞やニュース等でよく見聞きすると思います。日本では「失われた10年」（今となってはすでに20年以上失われていますが）と言われた時期からずっとデフレが続いているために、デフレの方が日常的に耳にするかもしれません。

私がデフレという言葉を意識したのは、日本に帰国した２０００年前半です。帰国早々、「日本はデフレでユニクロっていうお店が人気なのよ」と言われ、ユニクロのフリースを着ている人をあちこちで見かけました。その当時、シリコンバレーのある北カリフォルニアでは、ＩＴ産業が勢いづいており、物価がどんどん上がっていたので、その差に驚いたものです。

では、そもそもインフレ、デフレとはどういうことなのでしょうか？

よく物価が「上がる」とか「下がる」とか言いますよね。インフレとは、モノが値上がりすることです。そして、そのインフレには健全なインフレと不健全なインフレの２種類があります。健全なインフレといえるには、経済成長の結果、給料が上がり、モノの一定の値上げを消費者が受け入れられる環境が必要です。一方、不健全なインフレは、経済成長が伴わないため、給料が上がっていないにもかかわらず、モノの値段が上がります。デフレはインフレの逆で、給料もモノの値段も値下がりすることです。

どのくらい物価が上がったのかを示すのがインフレ率で、インフレ率1%というと、100円のモノが101円になったということで、インフレ率1%が10年続くとは、モノの価格が10年で10%値上がりしたということです。

健全なインフレと言えるためには、「値上げが受け入れられる環境=消費者の給料アップ」がないと難しいのです。一方、不健全なインフレの環境では、消費者はさらに生活が苦しくなります。

Rule

健全なインフレと言えるためには、給料アップが前提になる

インフレしている世界、デフレしている日本

日本のインフレ率が１％を超えたのは、２０００年以降ではなんと２００８年と２０１４年のみです。２０００年と２０１６年の物価を比較すると、物価は下がっています。確かに、牛丼もハンバーガーも値上がりした印象がないですよね。

一方で、Ｇ７と呼ばれる主要７カ国（アメリカ、日本、ドイツ、フランス、イギリス、カナダ、イタリア）の物価平均は２０００年以降、年平均１％以上で上昇しています。もちろん、この中で、日本が上昇率を押し下げているのは、言うまでもありません。

実際、世界のインフレに反してデフレが続いた日本は外国人にとって、割安な国です。イギリスの経済専門誌『エコノミスト』が発表した、各国のマクドナルドのビッグマックの２０００年と２０１８年の価格（米ドルベース換算）を図で表してみました。

■アメリカ　2・5ドル→5・3ドル

■カナダ　1・9ドル→5・3ドル
■イギリス　3・0ドル→4・4ドル
■日本　2・8ドル→3・4ドル

なんと、2018年時点で、**ビッグマックを一番安く購入できるのは日本**です。

さらに、アメリカやカナダでのビッグマックの価格がここ18年で倍増したのに対して、日本は微増です。2000年から現在までの間に給与が増加していない日本において、アメリカ並みにビッグマックを値上げしたとしたら、マクドナルドは売り上げが落ち、日本撤退を余儀なくされたでしょう。

逆にこのデータは、アメリカでは価格倍増が受け入れられるだけの給与増もあったということを証明しています。

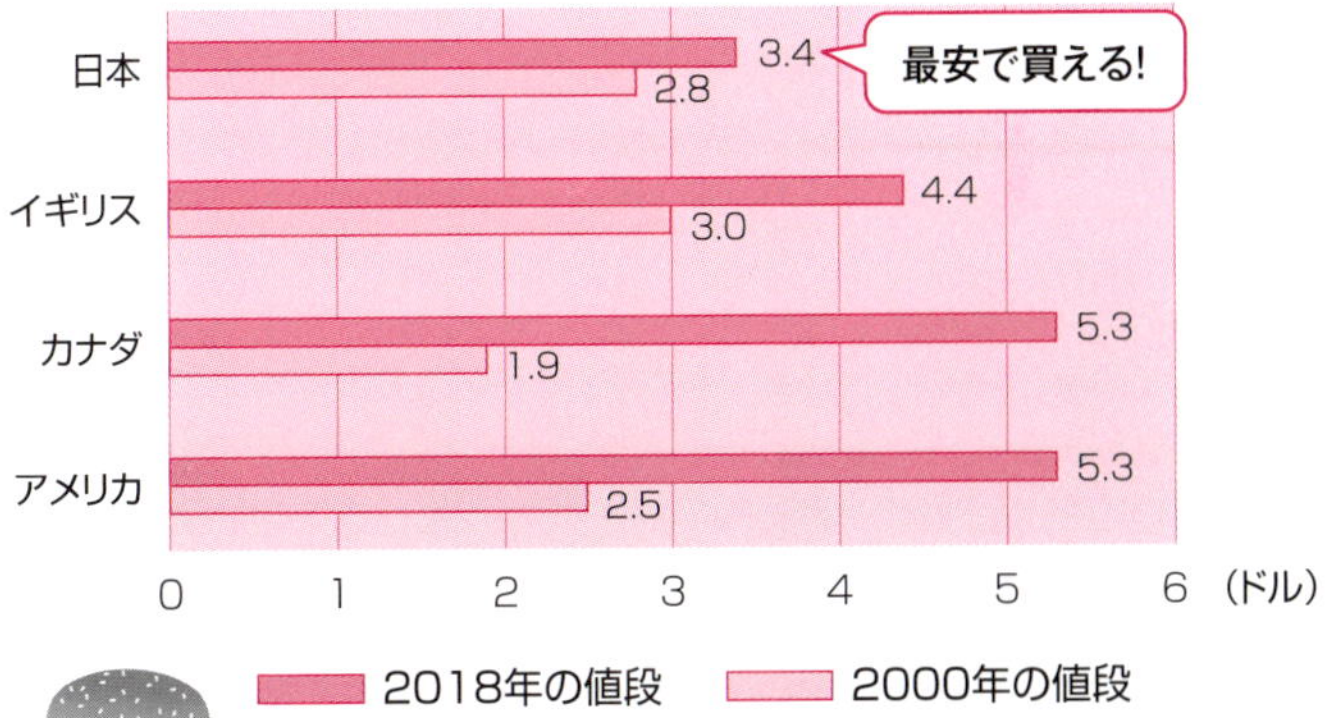

世界のビッグマックの値段

ビッグマックが最安値な日本ですから、訪日外国人にとって日本の物価が高いという感覚はもはやないでしょう。インフレしている世界に対して、デフレが続いている日本。日本政府は国民間の所得格差を埋めるのに必死ですが、世界レベルで見れば、**デフレが続くことで日本と世界の間でも所得格差が生まれている**のです。

外国人との所得格差が起き始めている日本人にとって、さらに厳しい状況になるであろうと予想されるのが、グローバルブランドの台頭です。

世界がつながっている今、サービスもモノもグローバルで統一されていることが増え、洋服でもスマホでもグローバルメーカーの製品を、私たち日本人は当たり前のように手にしています。そして、**グローバルに展開しているブランドは、国によって大きく値段を変えることはありません**。

例えば、アイフォン（iPhone）は、日本で購入してもアメリカで購入してもほぼ同じ価格になっています。シャネル（CHANEL）やグッチ（GUCCI）などのハイブランドも、かつては海外旅行先の免税店で購入すると20%オフなど、海外旅行は割安にショッピングできるという意味合いもありました。しかし今では、どの国で購入してもほぼ同一価格です。

ザラ（ZARA）などのファストファッションでグローバルに展開しているブランドでは、商品のタグに日本円の他、ユーロやポンドでの価格も表記されている場合がありますが、計算すると、やはり日本円の価格とほぼ同等です。

このように世界同一価格が一般的になっていく中で、世界の物価は上昇していますから、**モノは世界レベルでは確実に値上がりしていきます**。外国製品の値上がりだけでなく、例えばユニクロの衣類や資生堂の化粧品など、外国人ファンがいる日本製品も値上がりします。

一方で、**日本人の給与所得が物価上昇と同じように上昇することはない**と考えられるので、日本人にとっては、外国製品やグローバル商品はますます手に入りにくくなっていくでしょう。まさに不健全なインフレです。将来的にユニクロが、日本人にとって高級ショップの部類になることもあり得ない話ではないのです。

Rule 給料は上がらなくてもモノはどんどん高くなる

インフレに強い資産って何だろう？

新しさやブランドに価値を見いだすなど、他人にどう見られるかを意識してお金を使っていたのでは、世界インフレの中で強い資産を持つことはできません。

もっと自分中心に考えて、モノを買うべきです。

どういうことかというと、**自分に合うかどうかを基準にしてモノを買う**、ということです。

例えば、家は外観よりも住みやすさにこだわります。また、ブランド物や最新ファッションを身につけることより、自分に似合っているかどうかをより重視します。

この買い方を突き詰めてみると、日本人がよく口にする「みっともない」という状況を乗り越える必要があります。見栄を張っている場合ではないのです。

海外からの観光客やグローバルな同一料金が増えれば、日本のモノの物価は上がりますが、お給料は上がらないので預貯金だけでは日本人はどんどん貧乏になってしまいます。

今までの貯めるやり方が通用しないのなら、どうすればよいのでしょう？　そう、使うしかないのです。しかも賢く使うのです。

そのためには、**消耗品を買う比率を減らして、価値が落ちにくいモノを選ぶのは鉄則です**。

また、減価償却年数や将来の需給を考えてモノを購入することです。

さらに、グローバル化対策も必要です。

具体的には、外国人主導のインフレが起きる可能性があるのですから、**外国人が資産として認識できるものを保有しておいた方がよい**ということです。

それはつまり、ドルでも値段がつけられる資産を持つということです。

日本にいても、「ドル資産」を持つことは可能です。

例えば、金かプラチナの結婚指輪や婚約指輪は、資産になります。金やプラチナの指輪を選べば、海外にも認められるインフレに負けない資産を持つことにつながります。

「国境を越える通貨」といわれる金（ゴールド）は、経済変動に強い貴金属です。また、金よりも希少性が高いプラチナも、インフレに負けません（Chapter 7の「資産になる婚約指輪を買う」を参照）。

一方、着物はどうでしょう。着物を持っていても着物の価値は日本人にしか分からないですよね。ですから日本人にとっては価値もあるし、長く使えるモノですが、なかなか資産になりにくいと思います。

また、自宅を選ぶ際は、外国人が気に入りそうなエリア周辺で物件を購入することで、海外に認められる資産として不動産保有ができます。

東京近郊なら浅草や東京スカイツリー周辺、千葉県浦安市（ディズニーランド周辺）などは外国人も来る一方で住宅地としても存在するエリアかと思います。地方であれば、長野県の軽井沢や北海道のニセコ、静岡県の下田、最近では北陸新幹線開通で金沢も外国人には人気エリアです。

日本産で世界的に価値を上げているものもあります。

それは、ウイスキーです。この10年で、〝ジャパニーズウイスキー〟は海外の品評会で賞を受けるなど評価も高く、世界的に価値を上げています。ウイスキー自体が海外発祥のものですので、「ウイスキーとは」と一から説明する必要がなく、日本が世界5大ウイスキー産地の一つ（ほかは米国、スコットランド、アイルランド、カナダ）であることを踏まえると、海外に認められる資産といえます。

記念日などの大切な日に飲むために1本買って保管しておくと、優雅な気分になれると思いますし、保管期間中に値段が上がっていたりしたらうれしいですね。

世界がつながっている今、日本的な考え方で資産形成をしても、世界から見るとずれてしまうということは多々あります。しかし、日本的にならないように意識するのは、日本人だからこそ難しいのです。

「日本的」というのを意識せずに、自然とグローバルな感覚で判断したのと同じ結果になるには、どうしたらよいでしょうか。それはやはり、**目先の華やかさや優越感ではなく、10年後の価値に重点を置いて物事を見る**ということです。これこそが、グローバルな資産形成を考える上でもっとも大切なことではないでしょうか。

Rule
外国人にも価値があるモノが資産になる

Chapter 5

クレジットカードで「ながら資産形成」

——現金払いは損しています

現金主義は世界の非常識！

使うお金がすべて資産に変えられたら、日々、資産形成できると思いませんか？　実際には消耗品も買いますし、使うお金すべてを資産にする、というのは難しいです。でも、現金主義をやめると、資産形成には役に立ちます。

具体的に言うと、**可能な限りすべての決済に現金を使わず、クレジットカードやクレジットカード引き落としタイプの電子マネーなどを使って買い物をする**のです。

この非現金決済のメリットは、多額の現金を持ち歩かずに済み、交通系電子マネーに代表されるタッチ決済は時短効果もあります。ほかにも、▼ポイントを貯められる▼クレジットカードの場合だと海外旅行保険など、保有しているだけで保険として活用できる――などのメリットもあります。

そんなの当たり前で、現金決済なんてほとんどしていないと思う人もいるかもしれませんが、実は、**日本のクレジットカード決済利用率は世界でも非常に低い水準です**。

「日本のクレジット統計」によると、2016年の民間消費支出に占めるカード（クレジットカード、デビットカード、プリペイドカード）決済の比率は、韓国96・0%、シンガポール58・0%、インド35・0%ですが、日本は21・1%にすぎません。最近、海外では屋台のようなお店でもスマホにつなげたクレジットカード端末でクレジット決済ができるようになっています。

もっとも、日本のカード決済比率の低さがこのまま続くとは考えにくいでしょう。訪日外国人が増えていく中で、カード決済端末を持つ店舗が増えていくと想定されます。将来的には、現金払いに対して、「**レジで小銭を出して時間をかけている人は非常識**」としか

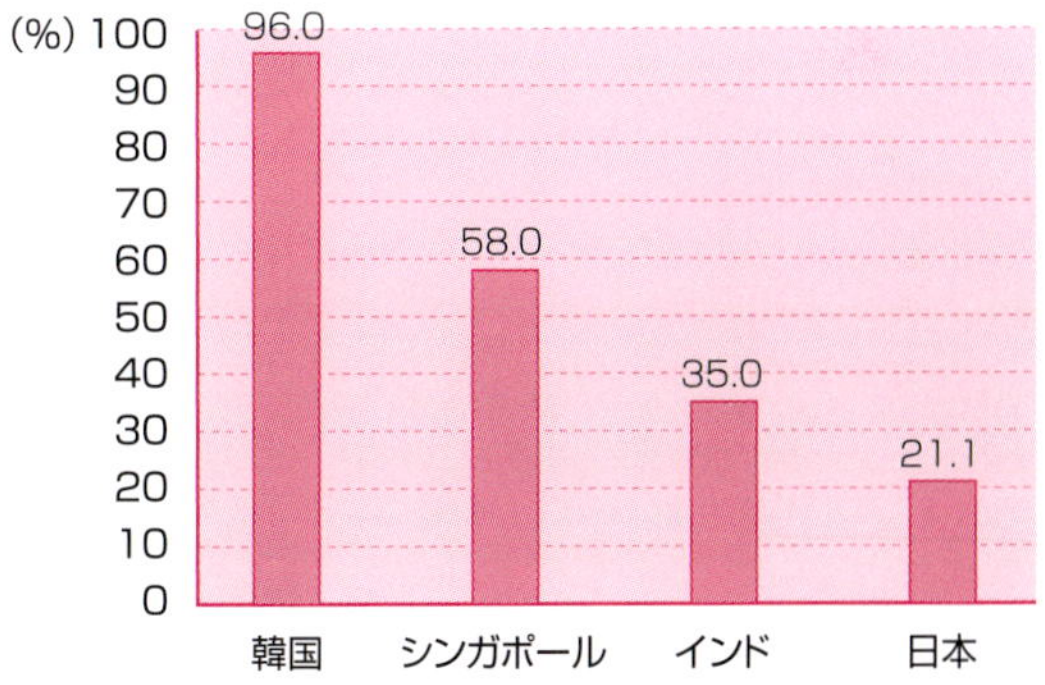

諸外国におけるカード決済比率

思われない日常になるかもしれません。

今後の状況を考えると、今から脱現金決済に取り組むことは、必要であると考えます。

「カードを使うと現金が減らないので、つい使いすぎてしまいそう」と、自分の金銭感覚に自信を持てない人もいることでしょう。

しかし、支払い残高が増えていき、返済能力以上の返済を毎月することになる心配は、基本的にカードの「一括払い」を選択すれば解消されます。

この本を通してもうお気づきだと思いますが、目に見える現金だけが資産ではないのです。カードで支払ったら、お金を使っているという感覚にならないとしたら、それこそ問題です。資産形成マインドを身につけるためにも、積極的にカード払いにして、現金払いでなくても、モノを買えば現金は減る、という感覚を肌で感じた方がよいと思います。


資産形成の観点からいうと、現金を使うのは非常にもったいないことです。

現金を使ったところで、当たり前ですが、現金が減るだけで、「おまけ」が何もないのです。それであれば、ポイントや保険など、「おまけ」がある非現金決済を選択した方が得です。

また、非現金決済を増やすことで明細も活用できますので、現金主義よりも、より楽に資産形成に重点を置いた考え方を持って生活を送れるようになります。

Rule
可能な限り決済は現金を使わず、クレジットカードや電子マネーを使おう

現金主義で手数料を無駄に使っていませんか？

現金主義の人は現金をどれくらい持ち歩いているでしょうか。
数万円単位で現金を持ち歩いているとしたら、落としたときのリスクが高くなりますよね。
逆に、財布にあまりお金を入れない現金主義の人は、必然的に銀行などのＡＴＭに行く回数が増えるのではないでしょうか？

資産形成の観点で現金主義のデメリットとしてあげられるのが手数料です。ＡＴＭ手数料、銀行振込手数料、代引き手数料……現金決済に伴うこれらの手数料は1回数百円で、１万円以下の取り引きの場合は、１％以上の手数料を払っていることになります。
例えば、夜、食事に出かける前にお財布をチェックしたらお金がなかったなんてことありませんか？　そして、そんな夜間にＡＴＭに行くと、時間外取引として手数料を取られたりしますよね。１万円引き出すのに１０８円の手数料がかかるとしたら、銀行預金の利息などは、あっという間に相殺されてしまいます。

コンビニでも手軽に現金を引き出せますが、私の場合は「このコンビニだと手数料がかかるかも」とか「この時間帯はもしかして手数料がかかるかも」とか「今月の無料回数を超えているかも」とか考えて、いちいちATMの前で、スマホを使って銀行のHPにアクセスして調べてしまいそうで……。面倒くさいのであまり頻繁に現金を引き出したいとは思いません。

手数料がかからないように考えて行動すればよいのかもしれませんが、非現金決済にすれば考えること自体必要がないので、現金決済を選択しなければよいと思っています。

この低金利時代に**お金を預けても利息はつかないのに、現金を引き出したりするだけで手数料が発生しているのです**。しかも、銀行の通常営業内に、時間をつくってわざわざお金を引き出したとしても、何の特典もないのです。

銀行が要求してくる手数料というのは当たり前のように受け入れがちですが、非現金決済で代替可能なのですからそうするべきです。

また、インターネットでの商品購入などでクレジットカード以外の銀行振込みや代引きを選択すると、当然その手数料がかかります。調べてみると、クレジットカード以外の決済を選ぶ比率は37％にも及ぶことが分かりました（総務省「平成28年通信利用動向調査報告書（世帯編）」

より）。この比率は、現金主義の根強さを表していると思います。

セキュリティーの問題を心配しているなどの理由があると思いますが、**クレジットカードの不正利用については対策もされていますので、手数料等のデメリットを考えると、脱現金主義をオススメします。**

現金主義でない私からすると、「わざわざ手数料がかかるリスクを負いながら、現金主義を貫くメリットって何？」と思ってしまいます。

クレジットカードや電子マネーの決済手数料は、消費者にはかかりませんので、こちらを積極的に利用する方がスマートだと感じます。

Rule

現金主義だと、いろいろな場面で手数料がかかる

そのカード決済、手数料を払っていませんか？

先にも触れましたが、クレジットカードを使うと現金が減らないので使いすぎてしまう、という「金銭感覚」に対する心配は本人の意識次第です。

カードを使用している人が全員そういう金銭感覚になり、支払いが滞っているとしたら、カードがこんなに普及するはずがありません。世界のカード普及率を見ても分かるように、カードを使うこと自体は間違ってはいませんし、海外では偽造通貨での決済を防止する一環としてもカード決算は好まれます。

「クレジットカードで支払いが滞って危険」と思われる大きな理由には、間違った支払い方法を選択し、購入額より少額の返済を続けることで、利息などがかさんで支払い残額が増えていき、最終的に返済ができなくなってしまうリスクがあるということだと思います。

クレジットカードの支払い方法には、大まかにいうと「翌月一括払い」「ボーナス一括払い」「分割払い」「リボルビング払い」がありますが、**クレジットカードは現金の代わりに使ってい**

るだけなので、「翌月一括払い」を選択するのが鉄則です。もちろん、この場合の手数料はありませんので、ポイント積算なども含めると現金で支払うのと同等以上のメリットがあります。

それ以外の方法は、返済額や回数はさまざまですが、共通して言えるのは、商品を先に受け取り、支払いを1カ月以上先送りするということです。リボ払いなどは、毎月の支払金額がどの商品の支払いなのか分からなくなることさえあります。

Chapter 3の「資産価値のないモノにローンを使っていませんか?」でも触れましたが、モノ――特に消耗品は使い始めたところから耐用年数が減っていくので、支払いだけが残ってしまうリスクがあります。資産価値のないモノにローンを使うのは勧めません。同様に、支払いを先送りしているクレジットカードのボーナス払い、分割払い、リボ払いなども勧めません。また、これらは手数料も発生しますので(ボーナス払いは手数料がかからない場合もあります)、現金払いよりも支払い総額が増えるのです。

どの商品の支払いなのかも把握でき、使いすぎをすぐに修正できるのは、翌月一括払いまででしょう。この方法なら、翌月には支払い日が来て銀行で引き落とされますので、使った金額が実際に銀行預金に反映され、現実として受け入れられます。

最近、テレビCMなどでよく宣伝されている「デビットカード」ですが、これは銀行口座に直結した決済カードです。このカードで決済すると代金が即座に口座から引き落とされます。口座残高を超えない範囲で使用するので、使いすぎに対して安心できます。

通常、カード発行は無料で、ビザ（VISA）やマスターカード（Master Card）などと提携しているとクレジットカードとしても使用可能です。一方で、万一落としたり、ネットショッピングの際、情報漏えいなどで不正利用されてしまった場合、その瞬間に口座からお金が引き出されてしまいます（クレジットカードの場合は、不正利用されてもすぐに口座引き落としが行われず、被害が確認されれば請求されることもありません）。

今後、次々に登場するさまざまな非現金決済方法をどう選択していったらよいでしょうか。**選ぶポイントは、手数料がかからないか、支払いが先送りになっていないか、不正利用などへの対策などのセキュリティーに対しての安心感があるかを確認すること**です。

Rule

カード決済は、「翌月一括払い」を選択するのが鉄則

侮れないクレジットカードポイント

現金主義をやめると、現金では何も生み出さなかった支出が、ポイントという形で還元されます。だいたい100円で1ポイントというのがクレジットカードのポイント還元率としてスタンダードです。

例えば、月10万円の支出をすべて航空会社のマイルが貯まるクレジットカードで決済した場合、還元率1％で毎月1000マイル、15カ月で1万5000マイル（＝国内往復の無料特典航空券）という特典（資産）が手に入ります。

どうでしょうか。現金主義よりも資産が形成されていませんか？

また、クレジットカードは、決済金額がすべてポイントの対象になります。一部店舗での決済はポイント対象外ということがないわけですから、**クレジットカードという「全店舗共通ポイントカード」の機能を持ち合わせているというわけです**。

財布がパンパンになるほどに、たくさんの「各店舗のポイントカード」を持ち歩くより、**ク**

クレジットカード決済に切り替えた方が身軽な上に、「ポイント資産」も貯まるのです。

なお、その際、心がけてほしいのは、複数のクレジットカードを使い分けるのでなく、1枚か2枚のカードに集約して使うことです。家族カードをつくって、家族単位でポイントを貯めるのも効率的です。

私の場合は、次の3枚のクレジットカードを使い分けています。

・航空会社のマイルが貯まるクレジットカード（家族カード・年会費有り）
・電車利用が多いので、スイカ（Suica）機能のあるクレジットカード（年会費無料）
・ヤフーショッピングでの決算時に使う、ヤフーのクレジットカード（年会費無料）

航空会社のクレジットカードはメインで使い、ここで貯まったマイルは旅行に使用しています。スイカ機能のついたカードのポイントは、スイカにチャージして電子マネーとして利用しています。ヤフーカードは、Tポイントも貯められるのでそのままヤフーショッピングで使っているほか、Tカードが使える店舗では、決済は航空会社のクレジットカードで行い、さらにTポイント提示でTポイントも貯めています（結果、Tポイントとクレジットカードの両方でポイントがつくので、ポイント還元率が2倍になります）。

この3枚の組み合わせは、年会費も最小限に抑えられ、今のところの私のライフスタイルに

航空会社のマイルが貯まるクレジットカード
（家族カード・年会費有り）

＝

クレジット決済として
メインで使い、マイルを
貯める

➡

マイルが貯まったら、
旅行に使う

スイカ機能があるクレジットカード
（年会費無料）

＝

・クレジット決済で
ポイントを貯める
・スイカにチャージして
電子マネーとして利用

➡

ポイントが貯まったら、
商品や電子マネーに交換

Tポイントつきヤフークレジットカード
（年会費無料）

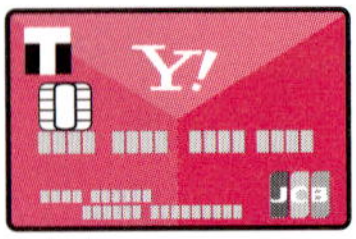

＝

・ヤフーショッピングで
クレジット決済
・Tポイントが使える店舗
で提示し、Tポイントを
貯める

➡

貯まった
Tポイントは
次のショッピング
で利用

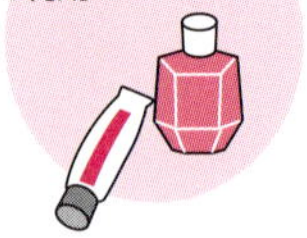

はぴったりだと思っています。

クレジットカードには、購入金額に応じたポイント積算だけでなく、独自のカード特典もあります。

車をよく使う人であれば、ガソリンが割引になるクレジットカードを持ってもよいですし、ネットショッピングを頻繁に利用するのであればショッピングサイトのクレジットカードを持つのもよいと思います。

自分のライフスタイルに合わせて、特典を享受しやすいクレジットカードを持つことをオススメします。ただし、ポイントを貯めることをゴール（目標）にしないこと。ポイントはあくまで購入で使った現金がポイントという形で1％程度還元されるだけです。たった1％を獲得するために余計な買い物はしないでください。そして、「翌月一括払い」を選択することも忘れずに。

Rule
クレジットカード払いで「ポイント資産」が貯まる

電子マネーもクレジットカード引き落としで

積極的に電子マネー決済をするようになったとしても、電子マネーのチャージを現金で行っていては現金主義をやめたとはいえません。

現金でチャージするのではなく、**電子マネー対応のクレジットカードを持って、チャージ額をクレジットカード引き落としにしましょう**。

なぜ、電子マネーをクレジットカード引き落としにしたいかというと、チャージした金額がカード請求されますので、チャージ金額をそのままクレジットカードのポイントとして貯めることができるからです。現金でチャージしてはなんのポイントもつきません。

また、電子マネー対応のクレジットカードは、「オートチャージ設定」すると、改札やコンビニでカードをタッチしたときに、電子マネー残高が不足の場合には、自動で決められた金額がチャージされます。支払いの際、残額を心配しながらタッチする必要がなくなります。

その上、**タッチ決済の電子マネーは、サインやパスワード不要で決済が早いので、時短効果**

がありますし、クレジットカードに比べて低い金額でも使いやすいというメリットもあります。

一方で、チャージ金額の上限があるので、高額商品を購入するのには向いていません。

私は、コンビニやスーパーで500円以下の買い物をする場合には電子マネーを使い、500円以上の買い物をする場合は、クレジットカードを使っています。また、電子マネーのオートチャージは、残額が1000円以下になったら3000円を自動でチャージするという設定にしています。

自分の生活に合わせて、電子マネーを中心に使うか、クレジットカードを中心に使うか、両方をバランスよく使うかを考えてみてください。

Rule
電子マネーのチャージもクレジットカード引き落としにしよう

ショッピングに海外旅行、保険も節約できるクレジットカード

生活の中で必要なモノでも、家具などのようにそう何度も買い替えない高額商品がありますよね。これらは現金で買うより**クレジットカードで購入する方が、ポイント付与でも、また保険ということからもメリットがあります**。

クレジットカードにはショッピング保険が付帯されていて、一般的に購入してから90日以内の破損や盗難を補償してくれます。対象外のモノもありますが（車は対象外が多い）、これなら安心して高額商品を購入することができます。

私の友人は、別れた彼女から突然連絡があり、「あなたからもらったプレゼントが盗難に遭ってしまったので補償の手続きをお願いできないか」と言われたそうです。そのプレゼントは、付き合っていたときに自分のクレジットカードで購入したものだそうです。

現金で買っていれば、別れた彼女から連絡されることもなかったので、よかったのか悪かっ

たのかは分かりませんが、もし、まだ付き合っていれば、悲しむ彼女のために、もう一度同じものを買ってプレゼントするという出費が必要になっていたかもしれません。

クレジットカード払いによる購入後の保険があってよかったと思います。

このように、**購入後の保険があるのが保険付きのクレジットカードのメリット**で、高額なモノほどカード決済を行うことで安心できますね。


また、クレジットカードはショッピング保険のほかに、海外旅行傷害保険などの旅行保険が付いているものが多いです。例えば、海外で病気やけがをしたとき、**クレジットカードがあれば日本語による電話サポートが受けられ、また病院での費用が保険適用になります**。

よく空港で海外旅行保険の加入をしている人を見ますが、その前に、まず持っているクレジットカードの保険内容を確認するとよいでしょう。加入の必要がなくなるかもしれません。

カードによっては国内旅行傷害保険も付いていたりします。保険の種類でカードを選ぶのも「ながら資産形成」だけでなく、「ながら節約」にもなるのです。

Rule
クレジットカードは、保険の代わりにもなる

クレジットカードで家計簿いらず

資産形成マインドを身につけるには、家計簿をつけるのも有効ですが、多くの人はつけようと思っても、手間と時間がかかるので三日坊主に終わってしまいます。

けれども、**現金主義をやめてカード決済に移行すると、家計簿をつけなくても同じようにお金の管理ができる**のです。

なぜなら、カード決済をメインにすると、明細書で毎月の支出を確認できます。明細書を見れば、毎月、どれだけ食費や日用品、交際費に、また資産形成にお金を使っているのかが分かります。前月比や前年同月比での比較も可能です。

そのうえ、明細書は、自分で計算機片手に家計簿に書き込むより正確です。また、家計簿をつける時間も削減できます。

先日、オフィスビルのエレベーターの中で、そこで働いていると思われる女性が同僚に「あー、コンビニでレシートもらうのを忘れちゃった。いつも家計簿が毎月2000円くらい合わないのは、こういうところでうっかりしちゃうからかな」と話しているのを耳にしました。私は、家計簿をつけてるなんてマメで、すごいと感心しつつも、「電子マネーかクレジットカードを使えばいいのに！」と突っ込みたい衝動にかられました（笑）。

レシートのもらい忘れもさることながら、交通費などは切符をいちいち取っておくこともできず、記憶を頼りにあとで記録するというので正確性を欠きます。ところが、交通系電子マネーを利用すれば、券売機で履歴を印刷することもできるのです。

もちろん、毎月収支が合うように努力して家計簿をつけても、それだけでは意味がありません。**家計簿は分析してその結果を次に活かすことで、本来の目的が達成される**のです。ですから、苦労して家計簿をつけなくても、支出がカード決済中心にまとまっているのであれば、カード会社から送られてきた明細で十分な分析が可能だと思います。

明細を見る上での**ポイントとしては、いくら使ったかという出費ばかりに着目するのではなく、どんな資産を形成したか、どんな無駄遣いをしたかという視点で見るとよい**と思います。出費ばかりを見ても、出費をいかに減らすかという「金額」だけの改善策になってしまうからです。生活を変えずに「金額」だけを減らすのは難しいです。

そうではなく、①資産②資産以外の必要経費③間違ったお金の使い方による不要な支出――

の3点を確認し、「資産の割合を増やして不要な支出の割合を減らす」という「質」の向上に重点を置くのです。

現金主義をやめた場合、ペットボトル1本から切符1枚までクレジットカードや電子マネーを使うのですから、明細を見ても、資産形成はほとんどできていない結果になるでしょう。

それでも、**資産を形成できたか確認すること、間違ったお金の使い方をした結果の不要な支出を把握することで、あなたの「資産形成マインド」は着実に成長していく**はずです。

最近は複数のクレジットカードや銀行口座、電子マネーを連携させて一括で見られるアプリも登場しています。そういうネットサービスを積極的に取り入れるのもよいでしょう。

あまり細かいことまで把握しなくてもよいので、楽しく無理なくお金と向き合う自分ならではの方法を見つけてください。

大事なことは、**現状を把握（分析）し、今後に活かすこと（次のアクション）**です。

Rule

クレジットカード明細で家計簿いらず。明細を分析し、次に活かそう

Chapter 6

生活や外見がワンランクアップする資産形成

――予算以上の買い物で得られること

予算より高めのモノを買ってみる

さて、ここまで、

■資産とはどんなものか（Chapter 1、3）

■なぜキャッシュではなく、資産を持つ必要があるのか（Chapter 4）

という知識と、

■資産流出につながるような行動をやめる（Chapter 2）

■資産になるモノを見極める（Chapter 3）

■脱現金主義でお金の支払い方法を変える（Chapter 5）

という資産形成のためのノウハウを説明してきました。

日々の生活の中で無駄遣いを減らしたり、現金払いよりカード払いにしたりというのは、生活を見直すことが中心になりますので、実行しようとする意志さえ持てば実現しやすいものだと思います。

一方、取り組みにくいのは、資産がどんなものかは理解しても、モノを選ぶときにどうやって資産を取り入れるかということだと思います。

「自分の嗜好《しこう》が急に変わるわけではないし、使って楽しく、なおかつ資産にもなるモノなんて、今までの生活の中で意識したことなんかない」というのが本音ではないでしょうか。その感覚自体は間違っていません。

そこで、**オススメしたいのは、あえて予算より高めのモノを選んで買うということ**です。

日々の生活の中で買うモノを急に変えることはできません。けれども、いつも買っているモノの予算を変えるというのは、取り入れやすいと思います。

資産の知識

- 資産とはどんなものか（Chapter1、3）
- なぜキャッシュではなく、資産を持つ必要があるのか（Chapter4）

＋

資産形成のためのノウハウ

- 資産流出につながるような行動をやめる（Chapter2）
- 資産になるモノを見極める（Chapter3）
- 脱現金主義でお金の支払い方法を変える（Chapter5）

予算より高いモノを買い続ければ、お金が減っていくと思いがちですが、実はそんなことはありません。この段階に入っているということは、すでにある程度の資産形成マインドは身につけているはずですから、予算以上でもお金を浪費するようなことにはならないのです。

Rule
予算より高いモノを買うことが資産形成では必要

じっくり選ぶクセをつける

予算より高いモノを買うための最初のステップとして、食品や洗剤など使い切るモノではなく、洋服などわりと長く使うモノでチャレンジしてみてください。その際、いつも買うお店とは違う店、できれば単価の高いお店を選んで入るとよいでしょう。

商品を見て、「うわっ、高い！」と思えたら、合格です。

次に、その店で商品を選ぶ際は、**いつもの店とのモノのクオリティーの違いを感じてみてください**。通常、単価は製造や販売過程に関わる費用に、一定の利益をプラスして決められています。

例えば、アパレルは原価率3割前後とよく聞きます。つまり、原価率3割の商品というのは、定価1万円であれば3000円が原価（材料費など）、定価2万円であれば原価は6000円というところでしょうか。

それで考えると、同じような商品でも、2万円の商品と1万円の商品では原価が倍違うので、製品自体のクオリティーも違って当然なのです。その違いを感じることができたら、単価が高い店に入った意味があるのです。

逆に、その違いが感じられないとしたら、それはお店の問題かもしれないですし（原価率を非常に低くして3000円の原価なのに2万円で売って利益を膨らませていたり、宣伝にお金を優先的に使ってクオリティーにはこだわっていなかったり）、もう1軒単価が高い違うお店に行ってみて、クオリティーの違いを確かめてみるとよいと思います。

それでは、いよいよ購入です。

いつもより、**じっくり考えて、じっくり選んで、本当に気に入った上で購入を決めてください**。一晩寝かせて考えてみてもよいと思います。ほかの店を見てからでもよいと思います。別にその日に買う必要はないのです。予算より高いモノを買うのですから、時間をかけて当然です。

やってはいけないのは、お店の人に勧められるまま、しっくり感じていないのに買ってしまうことです。このときばかりは自分中心でよいのです。目的を持って探していて、自分のニーズに合う商品が見つからないのであれば、いろいろ手伝ってくれた店員さんには「申しわけないな」と思っても、「申しわけないから商品を買う」必要はないのです。

また、もう一つやってはいけないことは、高いお店に行って購入しなかった後に、いつものお店に戻って購入することです。

今回の目的は、いつもと違う商品にお金を使ってみることなのに、これではいつもと同じ消費行動になってしまうのでNGです。しかも、単価の高い店から安い店に移動することで割安感を感じてしまい、必要ないモノまで購入してしまうリスクも考えられます。

予算以上のモノを買うことで、じっくり考えるクセをつける。こうすることで、浪費しにくいメンタルを身につけることができ、モノの違いを知ることができます。

Rule

資産としてのモノを買うなら、ワンランク上のお店でじっくり考えて選ぶ

長く使えるモノを選ぶようになる

予算より高いモノを購入すると、自然な流れとして、より長く大事に使おうと思うようになるはずですし、また、そういうモノを選ぶと思います。万が一、そういうふうに思えないとしたら、予算より高いモノを購入するにあたり、必ず長く使えるモノを選ぶことを自分に課してみてください。

予算より高いモノを買うときに、長く使えるモノを選びたい理由は、長く使わないと費用対効果に見合わないからです。

Chapter 3の「『減価償却』の観点でモノを見る」でも述べたように、減価償却年数が長いモノ、つまり耐用年数が長いモノほど、価値が落ちにくいので、そういうモノの購入はお金の効率的な使い方ができているということです。

次に、長く使えるモノを買うときに、押さえておきたいポイントを述べましょう。

それは、**自分の未来を想像しながらモノを選ぶこと**です。これは想像力も使いますし、自分を見つめ直すことにもなるので、非常にオススメです。

例えば、「5年後にどんな自分でありたいか」を想像しましょう。

「5年後は、誰かと結婚して幸せな家庭を築いている」と思う未来に対してポジティブな人もいれば、「5年後も、どうせ今の自分と変わらない生活をしている」と思う未来に対してネガティブな人もいるでしょう。

ここで、未来にポジティブな人は、もっと未来の自分のイメージに〝決め打ち〟をして、「5年後は、結婚していて落ち着いた女性になっている」という前提で、モノをそろえていくのがよいと思います。未来にネガティブな人は、「何かになれる／なれない」はひとまず置いておいて、まったく今の自分と遠くても「なりたい理想の自分」のイメージをつくってみてもよいでしょう。

「未来が動き出すまで何も買わないので、何もイメージしなくてもよいのでは？」と思うかもしれませんが、生活していく上で、必ず何かは買います。そうであれば、**想像力をフルに活用して長く使えるモノを選んだ方がよく、それが後に資産にもなるのです。**

私は、アナリストになる前は、恥ずかしながら、ソニーでミニスカ金髪ＯＬをやっていました。そんな中、どんな30歳を迎えたいかを考えて、まずは落ち着いた黒髪に戻しました。

その後、アナリストになるにあたって、アナリストらしい格好一式をそろえてみましたが、その方法は、その業界の憧れの先輩と一緒に買い物に行き、その人が「必要」というアイテムを、ほぼその人のテイストで選びました。膝下のタイトスカートなんて、その当時の自分の趣味とはまったく異なりましたし、自分のいつもの買い物より予算も超えていましたが、その後5年間、シャツを買い足す程度で、驚くほど買い物が必要なかったのです！

長く使えるモノを選ぶということは、自分らしさも大事にしながら、なりたい自分を想像して選ぶ必要があるのですから、ただお金を使うのではなく、想像力が大切になります。そして、将来にわたって長く使えるモノを買うことで、次回の買い物までの期間を延ばすことができるのです。

Rule
なりたい自分を想像して、将来にわたって長く使えるモノを買う

モノを大事に使えるようになる

長く使えるモノを持っていると、むやみやたらにモノを増やしたいと思わなくなって、物欲も減りますし、持っているモノを大事に使おうという気持ちにもなります。

私が長く愛用しているモノの一つに、高校生のときに購入したティファニー（TIFFANY）のボールペンがあります。かれこれ20年以上愛用しています。その当時は手帳時代で、母の友人で20代の女性が、予定を確認するのにティファニーの手帳とボールペンを取り出したのを見て、憧れて購入した覚えがあります。

高校、大学、社会人生活を通してずっと持ち歩いていますが、年齢や時代を感じさせず、常に自分をエレガントにさせてくれているようで気分も上がります。ティファニーでは今も販売しているものですが、高校生から使っているこのペンには特別な思い入れがあり、大事に使っています（他のボールペンを買いたいという物欲も出てきません）。

減価償却の観点や将来の需給状況という、モノの価値の見極め方を知った上で、長く使えるモノを選べば、ただ単に自己満足で集めているのではなく、客観的に見ても資産と思えるモノを集めることが可能になるでしょう。

また、大事に使えるモノが周りに増えて、そういうモノに囲まれて過ごすと、気分もよいですし、落ち着いた気持ちで過ごすことができます。また、自分の大事なモノのコレクションで満たされた状態であれば、余計なモノを買う回数も自然と減っていくことでしょう。

Rule
大事なモノに囲まれて過ごすと、心が満たされ、余計な物欲がなくなる

浪費せずに生活や外見がワンランクアップする

もうお気づきかと思いますが、予算より高めのモノを買うのは、実は目的ではなく、長く使えて本当に大事にできるモノを選ぶためのトレーニングなのです。

高いモノを買うことで、モノの購入のハードルを上げ、費用対効果まで考えて、長く使えて大事にできるモノを選べるようになるのです。

また、予算以上の商品を見ることで、モノの値段とクオリティーの相関性も知ることができます。実際のところ、高いモノを買うことが、必ずしも「正しい」「よい」というわけではありません。モノの値段設定には根拠があり、安いモノは安いなりの、高いモノは高いなりの特徴があるはずです。そこに注目せずに、「よく分からないけど、安いから買う」とか、「みんなが持っているから、高いけど買う」というのは間違っています。

クオリティーの違いを認識し、使用目的に合っているかどうかを確認し、将来にわたって使用する自分の姿を想像して、モノを購入することが大切なのです。

・予算より高いモノを買う
・長く使えるモノを選ぶ
・モノを大切にする

という3ステップを通して、私たちの消費者としてのモノを選ぶ目も養われていくでしょう。自分を見つめ直す機会にもなり、本当に大切なモノが分かります。

そして、そういったモノを集めることで、よりシンプルに生活でき、いつもと違うモノに触れることで、自分のセンスも磨かれ、生活や外見もワンランクアップするはずです。

step1 予算より高いモノを買う
↓
step2 長く使えるモノを選ぶ
↓
step3 モノを大切にする

モノを見る目を養う３ステップ

Rule

モノを見る目を養えば、目が肥え、生活や外見のセンスがよくなる

モノだけでなく、出かける場所も選ぼう

モノを選んで購入するだけが、今日から始められる資産形成ではありません。日々のアクティビティーの中でも、資産形成のマインドは応用できます。

長く使うモノを選ぶとき、必然的にその候補から落とされていくのは流行りのモノでしょう。今年の流行りの色やスタイルは、来年には古くなってしまうので、多くの人は買わないと思います。では、出かける場所はどうでしょうか。

活動的に過ごすことは、生活を楽しむ上で大切で、必ずしも浪費とはいえませんが、あえて資産形成の観点でいうと、人気スポットや人が多く集まる場所は、需要が供給を上回っており（需要＞供給）、本来の価値以上のコストや時間がかかりそうです。

「人気のある場所に行くのは、やめた方がよい」とまでは言いませんが、コストがよりかかっているということを知っておくことは大切です。

例えば、ディズニーランドのように年間を通して人気スポットである場合は、すでに混んで

いることが定着しており、需給のバランスが「需要＞供給」の位置で落ち着いているので、「それでも行く」、あるいは「行かない」という選択肢しかありません。
イースターやハロウィンなど、期間限定のイベントがうまく提供されており、供給をうまくコントロールして、私たちが時期をずらして行くということができない状況をつくり出しています。実際に私たちが行ったときの体験がよかったからこそ、「需要＞供給」のバランスが維持され続けているのです。

一方で、**時期をずらせば「需要＞供給」が「需要＝供給」、もしくは「需要＜供給」になるケースもあります**。

例えば、ニューヨークのハンバーガーショップのシェイクシャック（Shake Shack）。日本の第1号店が東京青山外苑前にオープンした際には、メディアでも大きく取り上げられ、毎日、長蛇の列ができていました。
その当時、私は毎日お店の前を通って通勤していましたが、朝早くオープン前から並ぶ人がいて、行列が1日中途切れないという状態でした。けれどその行列も、2号店がオープンしたころから徐々に短くなり、1年もたたないうちに並ばなくても買えるようになりました。

このケースは、需要が減ったというより、供給が時間とともに増えていったために、短期間しか供給不足である時期がなく、旬のモノだったといえます。

供給不足のレアな時期に行ったという体験が重要なのでなく、シェイクシャックのハンバーガーを食べるというのが目的であれば、少し時期をずらせば、より楽に達成できたのです。

レアであることに自分のコスト（時間）をかけるのか、時期をずらすのか、それは自分次第ですが、検討する価値はあると思います。

Rule
モノと同じく、場所も流行りを追うと価値以上のコストがかかる

タイミングをずらして、あえてニッチな場所に行こう

人気のある場所に行くことで、経験できることもあるし、話のタネにもなるでしょう。

ただし、流行りに流されて、「雑誌（TV）に紹介されていたので、行ってみたの。思ったより、よかった（よくなかった）」というだけの感想しか得られないのであれば、時間とお金をかけて行く価値があるとは思えないですし、もっと思い出になって、ためになる体験がほかのことでもできるのではないでしょうか。


友人と家族ぐるみでハワイに行ったときの話です。

友人のお母様がどうしても行きたいということで、ワイキキビーチ沿いにある高級リゾートホテル内のレストランに朝食ビュッフェを食べに行くことになりました。雑誌で紹介されていた「高級リゾートホテルで過ごす気分を味わえて、ビーチサイドのオープンテラスが最高」という触れ込みを聞いていたようです。

そのレストランをネットで検索すると、日本語の情報がわんさかあるので、嫌な予感はしていました。そして行ってみると、予想通り、日本人だらけで朝からごった返していました。こちらは10名ほどの大人数で行ったので、窓際ではなく、風通しが悪く暗い奥の方の席での食事となり、高級リゾートホテルならではの優雅な朝食でもなければ、ビーチを眺めながらの朝食でもなく、まったく散々な経験でした。

値段もチップを入れて1人50ドル程度（約5500円）、10名で5万5000円くらいでしたが、値段に見合った価値はなかったと思います。ローシーズンであれば、すてきな経験になったかもしれませんが、やはり**「人気スポットは、ハイシーズンに行くべきではない」**というのが私の結論です。

流行りを取り入れることは、時代の流れの変化を知るという意味では大事です。オープンな気持ちがないと、新しいモノは取り入れられないので、流行りを取り入れるバランス感覚はとても大切です。

しかし、流行りばかりに価値を見いだしていると、無駄にお金ばかりかかってしまい、資産形成の観点からするともったいないことです。そもそも、流行りを追わなくても人生は楽しく過ごせますし、自分らしく生活した方が自分ならではの経験や知識は深まり、自分の資産となるでしょう。

流行りの場所にどうしても近づきたいのなら、資産形成の観点から助言をすると、少しタイミングをずらしましょう。

同じお店でもランチの方がディナーよりお得だったり、旅行でもハイシーズンとオフシーズンで値段が違ったりしますよね。仕事や学校の関係で、オフシーズンや平日の昼間に都合をつけるのは、なかなか難しいかもしれませんが、どうしても行きたいなら、思い切って仕事を休んでみてはどうでしょうか。普段は働いている時間に安価に過ごせて、案外、ハッピー度が上がるかもしれません。

最後に、もう一つ。

あえて流行りをまったく無視したニッチな行動をするのも、資産形成になります。

「ニッチ」というのは、要は「大衆受けはしないけれど一定数の需要はある」ということです。大多数に注目されていないからこそ、価格も低めに設定されていることが多いので、費用対効果は優れている場合が多いです。

私自身は、ニッチなモノが好きなので、激混みの人気スポットよりも、あまり人が行かない場所や、旬でないスポットに行くのが好みです。

最近だと、旅行でポルトガルのカスカイスというところに行ったのですが、友人に旅行先を話すと、「あんまりステータスシンボル（社会的地位を象徴するモノ）じゃないところに行っているよね。ほら、パリとかニューヨークとかハワイとかなら、『ザ・海外旅行』って感じで分かりやすいし、ステータスも高い感じじゃない」と言われました。

確かにポルトガルは歴史もありますし、ポートワインをはじめお酒や食事もおいしいのですが、決して「うらやましい」という言葉が最初に出るところではないかもしれません。実際、ポルトガルに行く経由地として滞在したパリには中国人がわんさかいましたが、ポルトガルでは中国人にほとんど出会いませんでした。中国人にとっても、ポルトガルはまだニッチな国のようです。

私はといえば、大西洋を望むホテルに宿泊して、昼は世界遺産を巡ってポルトガルの歴史を知り、夜はおいしいワインと新鮮な魚介類を食べて、新しい知識の吸収と珍しい体験ができた上に、リーズナブルな価格でホテルに宿泊することができ、とても満足しました。

モノだけでなく、行く場所を選ぶときにも、流行りや旬のモノばかりに価値を見いだささずに、「経験や知識が得られる」という理由で選んだりすると、「人間力」という資産になりますし、コストパフォーマンスもよいということになるのです。

Rule

旅行でも、流行りや旬を追うのではなく、自分にとって本当に価値ある場所を選ぼう

Chapter 7

ライフイベントは資産形成の好機

──生涯変わらない価値を優先して物事を考える

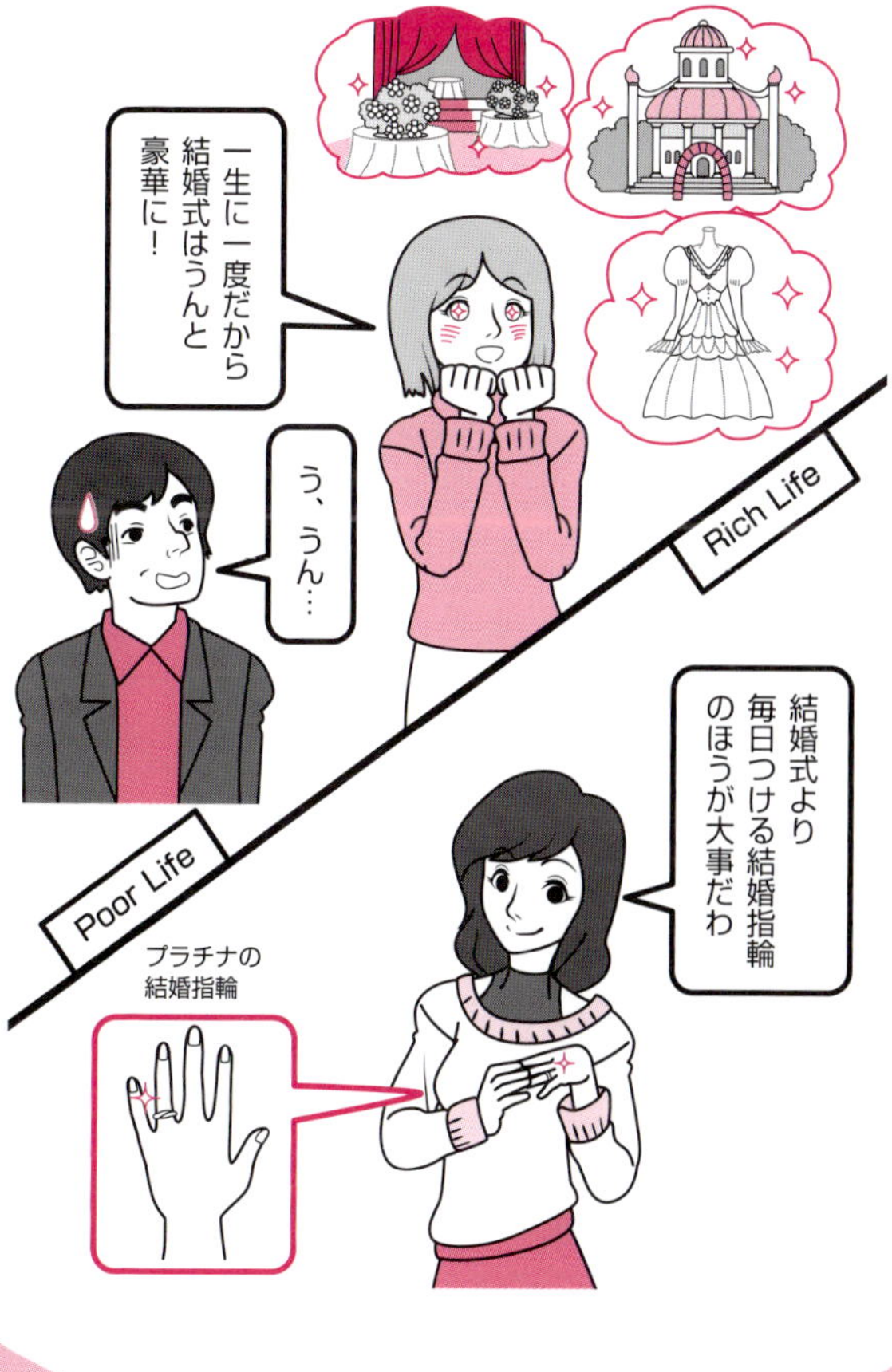

ライフイベントで考えるべき資産形成のこと

就職、結婚、出産などのライフイベントは、新たな人生のスタートで、社会人生活や家族生活の明るい未来の第一歩です。そんなときに「お金のことを考えましょう」というのは水を差すようで、日本人の美徳に反するかもしれませんが、しかし、**ライフイベントは、資産形成のスタートとしては絶好の機会です**。

資産形成というのは、ある日突然、そういう気持ちになって、直ちに資産形成できるという類いのものではありません。また、一定以上のお金がないとできないというわけでもないのです。どちらかというと、「時間をかけて少しずつ資産形成していく」というマインドを持って始めるべきです。

また、結婚などパートナーとの共同生活のスタートでは特に大事なことですが、家族プランを夫婦どちらか片方だけでは決められないように、お金の使い方も夫婦でよく話し合って、足並みがそろっていることが大切です。

では、具体的にどんなことを決めておくべきでしょうか。

それは、たった一つ。「**資産形成をするか否か**」それだけです。

意識改革から始めて、生活の中で資産流出を防ぎ、楽しみながら資産形成していきたいかどうかを、夫婦で確認するのです。その点で合意ができていれば、後は生活していく中で、その考えに沿って、やることを選んで決めていくだけです。

しかし、一方が合意していないと「お金が入ったから、これを買おう」「今月は厳しいから、節約しよう」と、目先の状況でお金の使い方を判断しがちになります。

結婚に限らず、ライフイベントの始まりにおいては、お金の使い方を同時に考えてみてください。人生の目標も定まっていき、本当に必要なモノにお金をかけられるようになり、充実した生活を送ることができます。必然的に無駄なモノにお金を使うことも減ることでしょう。

Rule

ライフイベントは、資産形成について考える絶好の機会

資産になる婚約指輪を買う

モノを選ぶときには5年後、10年後の価値を考えて選ぶと高値づかみをせずに、客観的な目線でその価値を考えることができます。

特に、結婚の際には、新居を構えたり、婚約指輪や結婚指輪を購入したり、長く持つことを前提に買うモノが多いです。結婚に理想はつきものですが、新婚時代だけが結婚ではありません。今の瞬間だけではなく、将来にわたってよい家庭を築けるように、購入するモノの将来の価値は必ず意識するべきです。

まず、結婚を決めるにあたって大事な婚約指輪。婚約指輪はダイヤモンドが定番ですが、これは日本だけでなく、アメリカやヨーロッパでも定番です。今後は中国やインドなど人口が多く経済力が増している国の需要も伸びていくはずなので、ダイヤの需要は確実に伸びると予想してよいでしょう。

ですから、**ダイヤの婚約指輪を持つということは、〝愛の証〟というだけでなく、将来にわたっ**

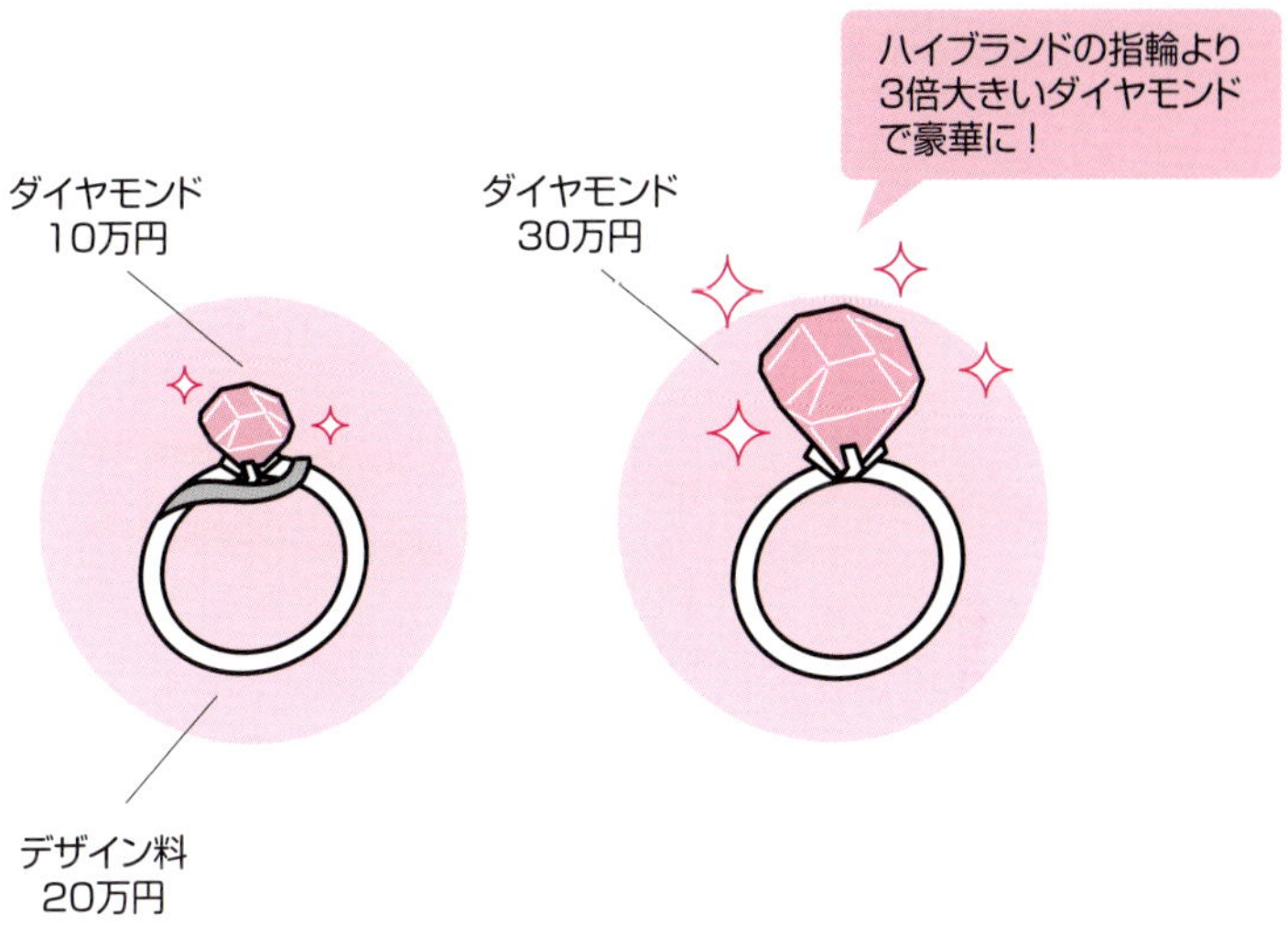

て価値のある資産を持つことも意味します。

また、資産という観点で見ると、ブランドの婚約指輪を購入することはあまりオススメしません。私の経験では、ハイブランドの婚約指輪は、ダイヤモンドの石の価格のだいたい3倍の価値が上乗せされています。例えば、10万円のダイヤはノーブランドなら10万円強の婚約指輪として売られますが、それがハイブランドになると30万円になるということです。ハイブランドの婚約指輪30万円の内訳は、10万円のダイヤモンドと20万円のブランド料というわけです。

このハイブランドのブランド料にはデザイン代も含まれていますが、20年後に「あの頃、こういうの流行ったよね」と少し時代を感じてしまったり、野暮ったく見えてしまう可能性もあります。さらに、ハイブランドのリングなので、リフォームしてデザインを変えるのは気が引けたりするかもしれません。

資産価値の観点から見れば、30万円を出すのであれば、ノーブランドで3倍大きい30万円のダイヤの指輪を買った方が、資産価値は高く、見た目も豪華になると思います。

私の友人が婚約したときに、この指輪の価格設定を伝えたところ、ハイブランドの指輪を探していた彼女は、同じ予算でノーブランドの指輪に変更して、1カラットのダイヤの指輪を購入しました。彼女の話によると、結婚式のときの写真映えもしたそうですし、日常生活で着けていてもそのインパクトで値段以上に高価に見られるとのことです。

ちなみに、日本人は、ダイヤモンドのクオリティー（色や透明度）に重きを置く傾向にありますが、ダイヤは大きさにも厳格な基準があります。クオリティーも大きさも、それに見合った価格がつけられているのです。小さくてクオリティーが高いものと大きくてクオリティーが低いものが同じ価格の場合もあり、クオリティーと大きさのどちらに重きを置くかは、自分の好みで選んでよいと思います。

結婚指輪も同様で、**プラチナや金の指輪を持つことで、インフレにも強い資産を持つことができる**のですから、価値を意識して購入するかどうか検討することをオススメします。

ブランドものか、ノーブランドか。最終的には、毎日、そして一生身につけるものだからこそ、後悔のないように選んでください。好みも大事ですし、将来の自分が身につけている姿を想像できるかも大事。そして、将来にわたっての価値というものも意識したいです。

じっくり総合的に判断してみてください。

Rule
ハイブランドのダイヤの指輪は、ブランド料のほうが高い

結婚式では「一生に一度」に流されないで

婚約から新婚旅行までの結婚費用は、全国平均で463・3万円だそうです。結婚費用の中で最もお金がかかるのは、挙式・披露宴費用で、全国平均は354・8万円、そのうち新婦の衣装代が46・5万円。また、婚約指輪の全国平均は35・4万円、結婚指輪は2人分で24・1万円だそうです（すべて「ゼクシィ結婚トレンド調査2017」調べ）。

「挙式・披露宴費用が全国平均約350万円!? 高っ！」と思ってしまったのは、私だけでしょうか。「350万円もあれば、2カラットのダイヤの指輪を婚約指輪に買えちゃうわよ」と、老婆心ながらに私は思ってしまいました。

しかし、そんな私も自分を振り返ってみて、結婚式自体は挙げてよかったと思うのですが、結婚式のお金の使い方には反省があります。

式本来の目的は、両親や友人への感謝の気持ちを伝えたり、自分たちの姿を見てもらうためなのですが、当時はそうしたことを忘れて、とりあえず結婚情報誌のマニュアルに沿った形で

ゲストはテーブルの花よりおしゃべりに夢中

どんどん準備を進めて、何か迷えば「一生に一度だから後悔のないように」と、やらないよりはやっておくという優柔不断な決め方でした。

本書では「資産形成は自分らしく主体的に」と言いながら、あのときの私は、まったく主体性がなかった気がします。


例えば、反省点として私がそんなにお金をかけなくてもよかったかなと思うのは、ウエディングドレスやカラードレスです。

形や色は見た目の印象として大事ですが、一度しか着ないですし、他人に近くで見られることもないので、細かい素材にまでこだわる必要はなかったと思います。そもそもドレスを着てお化粧をプロにしてもらうだけで、十分華やかできれいになるのですから、ドレスのクオリティーまでは心配無用でした。

また、会場の装花にも、むやみやたらにお金をかける必要はなかったと思います。「ゲストのテーブルの花は、見た目の豪華さが大事で、会場全体の印象も変わる」というようなことをウエディング・プランナーに言われましたが、自分が友人の披露宴に参加したときに、ゲストテーブルの装花のクオリティーなんて気にもしませんでした。ゲストが見ているのは新郎新婦で、彼らの入場前は同じテーブルの人と懐かしい話で盛り上がっていて、花など見ていません。テーブルの豪華さにお金をかける必要はなかったと思います。

そもそも結婚式が夫婦の唯一の思い出になるわけがなく、家族としての思い出はどんどん増えていきます。ですから、結婚式の決めごとで悩むことがあれば、「必要ないのでいらない」という結論でもちょうどよいと思います。

結婚式の費用も青天井にならないこと。冷静に考えれば、自分にとっては重要でないモノというのは必ずありますし、そこで後悔することなどありません。

一生に一度のことでも、終わってしまえば忘れがちなものなのです。

それよりも、毎日つけている結婚指輪が気に入らないものであれば、そちらの方がずっと引きずることになるでしょう。

自分らしい結婚式で費用を抑えられたら、貯金するのでなく、婚約指輪や結婚指輪など、長く使えるモノに浮いたお金をかけて資産形成しつつ、なおかつ贅沢《ぜいたく》な気分になる方がよいと思います。

Rule
結婚披露宴より婚約指輪・結婚指輪にお金をかけよう

記念日は資産形成のチャンス

結婚10周年などの記念日も資産形成のチャンスです。

記念日や節目はそんなに多くはないからこそ、そういう日を目標にして過ごすのは、**資金を用意するモチベーションにもなります**。そして、何より資産価値のあるモノを節目に購入すると、愛も維持されますし、資産も増えます。

結婚当初から10年後のプレゼントを目標にするなどしておけば、毎年の記念日は軽いお祝いか、プレゼントがなくてもよいかもしれません。出費の観点でも合理的です。

では、記念日にはどんなモノを購入するのがよいのでしょうか。

資産形成の観点からいうと、「流行りのバッグで5年後には時代を感じさせてしまう」「最新のスマホで2年後には買い換える」というようなモノよりは、**より長く使えるモノがオススメです**。

家族が楽しめるという意味で、アンティークな家具だったり、置物や絵といったアートもよいかもしれません。おしゃれな夫婦であれば、ゴールドなどを素材にした資産価値のあるブレスレットをおそろいで、また、流行り廃りがない定番トレンチコートなら長く着られますから、いつもよりも予算高めでペアで購入してもすてきですね。

資産価値があるモノであれば、将来子どもに譲ってもよいですし、お金に困ったら売却することもできます。

何より記念日が過ぎても楽しめます。貯金するよりずっと有意義にお金を使っているといえますし、夫婦の愛も維持される副次的効果もありそうです。

Rule
記念日に資産価値のあるモノを買おう

専業主婦（主夫）にならない

女性にとって、結婚や出産・子育ては、今後の仕事やキャリアを考える上で大きな問題となります。特に出産後は、専業主婦という選択肢が現実味を帯びてきます。

専業主婦（主夫）を選択する事情はあると思いますが、これは資産形成の観点でいうと、賢い選択ではありません。なぜなら、専業主婦（主夫）では、お給料が入らないのですから資産になる原資が入りません。

専業主婦（主夫）になることは、よほどのことがないかぎり、避けてください。

今の時代は、毎日夕食の材料を買いに行かないと間に合わないほどの小さな冷蔵庫しかないわけでなく、食洗機や乾燥機つき洗濯機、掃除ロボットなどもあり、20世紀と比べて、家事にかける時間は大幅に短縮できています。

もちろん、あなたが家で家事をしたり子育てをしたりすれば、家族の負担は減りますが、経済的な面ではまったく貢献していないのです。だから、寿退社に憧れるのは、もはやナンセンス！　**結婚をしたら仕事を辞めて専業主婦（主夫）になり、外で働いているパートナーをサポートするなんていうのは、時代遅れなスタイルなのです。**

結婚が第一の専業主婦（主夫）への分かれ道だとしたら、第二の分かれ道は出産です。

出産後、「赤ちゃんを保育園などに預けるのは、かわいそう」などといって、片方が仕事を辞めるケースがあります。

しかし、「かわいそう」というのは間違いで、子どもにとっては、親と二人で朝から晩まで過ごすより、友達と一緒に過ごす時間がある方が楽しく、社会性が身につきます。よく、スマホ片手に子どもと過ごしている親を見ますが、スマホから目も離さない親と過ごしているのと、保育園で友達と一緒に遊ぶのとどちらが楽しいでしょうか。

私は、子どもを生後3カ月から保育園に預けましたが、子どもにとって保育園は嫌な経験でなかったようです（本人が、そもそもあまり覚えていないこともありますが）。

その後、幼稚園に入った際には、そこで初めて集団生活をする子どもよりも、心に余裕があるせいか、習ったことへの吸収も速く、毎日楽しそうに通園していました。

保育園で経験を積ませてもらったことに、感謝しています。

出産後だけでなく、子どもが小学校入学のタイミングでもう一度、専業主婦（主夫）になるかならないかの決断が迫られます。学童保育の問題です。今の日本社会では、こうして共稼ぎをしていくのに困難な状況が現れ続けるのです。しかし問題は、一度、専業主婦（主夫）になってしまうと、ブランクができ、そう簡単に再就職ができないということです。

共働きは、そうでない夫婦と比べて、保育園代、ベビーシッター代、学童保育代、お迎えのタクシー代、頻繁な外食代など、さまざまな出費を伴いますが、こういった短期的にかかる経費は、長期的に見て稼ぎ続けられるための必要経費です。

キャリアは資産ですから、そう簡単に手放してはいけません。そして、共働きを維持する努力を夫婦で、時には両親にも手伝ってもらい、さまざまな人を巻き込んで行うことです。

Rule

キャリアは家族の負担ではなく、家族を支える資産。目先の困難で手放さない

どんな形であってもキャリアをつなげる努力をする

現在は専業主婦（主夫）の人でも、本書を読んでやる気が出てきたのであれば、ぜひ資産形成の一環として働きに出ることにチャレンジしてみてください。

会社で働くことだけが「働いている」の定義でもなければ、フルタイムである必要もありません。パートでも派遣でも、**どんな形であっても仕事を続けておくことに意義があります**。とにかく細々でもキャリアをつなげておくことで、金銭的にもプラスですし、ブランクを持たずに済みますので、キャリアという資産価値を維持していくことができるのです。

私のフランス人の友人の話をします。

彼女には子どもが4人いて、夫の転勤で日本に来ました。来日したときは専業主婦でしたが、現在は、子どもが学校に行っている間、教師をしているワーキングマザーです。

彼女は、「家事は自分に向いていないので、外で働くことを選ぶのは、自然の流れ」とのことでしたが、日本に来てから数年しかたっておらず、日本語もほとんど話せず、4人も子どもがいる彼女が、異国の地でキャリアをつないでいるのです。

しかも、彼女が教師として働くのは、今回が初めてです。教員免許が必須でなく、彼女のそれまでのキャリアが活かせる科目を教えられるところを、自ら見つけてきたのです。

彼女の行動は、**専業主婦（主夫）から脱するのは、自分のやる気と考え方次第**ということを教えてくれます。


また、働き方を変えても、キャリアはつなげられます。

生きている以上、子育てや介護などで、働き方を変える必要は誰にだってあります。今までバリバリと夜遅くまで働いていた人が、子育てや介護で思うように仕事ができなくなるなど、これまでの働き方ができなくなる大変な時期は必ずあります。しかし、忘れてはいけないのは、子育ても介護もいつか終わりが来るということです。「大変だから」という理由で、今まで築いたキャリアという資産価値をゼロにするのはもったいないのです。

大切なことは、それらを理由に**キャリアを中断させるのではなく、働き方を変えて、細々でもいいから続けておく**ということなのです。


私の知り合いの女性は、ブランドデザイナーとしてメーカーにフルタイムで勤務していましたが、子どもが小学校に入るのをきっかけに、フリーランスのデザイナーとして独立しました。彼女が言うには、働き方は自由だし、子どもとの時間を持てるし、ライフスタイルに合っているそうです。また、辞めた後もそのメーカーとは個人契約で仕事をしているとのことです。

彼女はデザイナーという専門的な仕事なので、このような働き方が可能になったようにも見えますが、ただ単に正社員から契約社員になって権限が変わり、フルタイムからパートタイムに働く時間が変わったと考えれば、普通の会社員でも可能なことだと思いませんか。

会社にとっても新たに正社員を雇用するより経費削減になるので、双方にとってメリットになるかもしれません。

Rule どんな雇用形態でも、働き続け、キャリアをつなげよう

このようにキャリアをつなげることで、仕事の見つけ方や新しい環境に適応する術《すべ》が身についていきます。結果として、働き方を変えずに定年退職を迎えた人よりも、いろいろ苦労をしながらもキャリアをつなげた人の方が逆境に強く、今後の時代の変化にも対応しやすいともいえるでしょう。

プロの専業主婦（主夫）になる気がないなら働いたほうがよい

私は、いわゆる〝主婦の鑑《かがみ》〟ではありません。

家で家事をするのは、はっきりいって苦手で、外で働いてお金をもらう方が気分的に楽です。働いていると、いろいろな目標ができたり、モチベーションにつながったりするのですが、家事だけは、とにかくこなしている感覚です。そして、そういう人は私だけではないはずです。

家事が苦手で向上したいとも思わない人や、子育てにイライラしている人が、専業主婦（主夫）をしているのであれば、それは今すぐ専業主婦（主夫）を辞めて、外でお金を稼ぐための仕事を探すべきです。

今は、**共働き家族のために、さまざまな家事代行サービスがあります**。

外で稼いだお金を使って、週1回や月2回で家の掃除などのサービスを頼む方が効率的だと思います。家事代行サービスを仕事とする人はプロなので、自分でいやいやするよりも、クオリティーの高い家事をしてくれます。

そして、その間にあなたは、外で仕事をしてスキルを身につける、という形で資産をつくっていくべきです。

「家に誰かが入って作業をするなんて……」と不安に感じるかもしれませんが、一度、家事代行サービスをお願いすると、その作業から解放される上に、自分がやるより数段よい仕事をしてくれるので、特に家事が苦手な人なら気にならなくなると思います。

また、外でお給料をもらえて、その範囲内で家事代行サービスを負担できるのであれば、**家事をアウトソースすることに罪悪感を持つ必要はまったくありません**。仕事は資産です。資産を築いたから、お金を使えるのです。

また、子どもが小さいうちはベビーシッターを雇うのも共働きならあり得ることでしょう。ベビーシッターを雇ってまで仕事をすることに罪悪感を持つ人もいるかもしれませんが、欧米人だと「ディナーに夫婦で出かけるので、ベビーシッターに夜来てもらって、子どもの寝かしつけまでお願いするわ」という感じで、仕事だけでなくプライベートな理由でも利用しています。

ベビーシッターは、単発で頼むのでなく、定期的に来てもらうのがオススメです。定期的に頼めば、子どももベビーシッターと過ごすことに慣れますし、親子ともども信頼できる人が見つけられれば、残業や出張にも対応でき、仕事の自由度は広がります。もちろん費用は安くないですが、困ったときに頼めるオプションが多ければ、仕事をしていても精神的に楽になるのは間違いないです。

また、もし自分の親が近くに住んでいて、健康で時間にも余裕がある状況ならば、親をベビーシッターとして雇うのも一つの案でしょう。愛情を持って見てもらえる人に子どもを任せられるわけですし、お給料を払うことで親にとっても金銭的にプラスです。

親子間の給料の支払いについて、後ろめたく思う必要はありません。

今の20代~40代は、キャリアの継続が経済的にも不可欠なのです。親に頼めないのであれば、キャリア継続をあきらめるか、外部のベビーシッターにお金をかけるだけです。どちらを選択しても、経済損失はあるわけですから、**孫の面倒を依頼した、もしくは依頼されたときに雇用関係を提案することは、理不尽ではなく、むしろ合理的**なのです。

家事における男女の役割分担がないのは今の時代は当たり前です。

加えて、これからは、家事の外部委託も取り入れる時代です。それによって、専業主婦（主夫）が外で働き、家族合算の給料が増えて、家事の外部委託費用（家事代行サービス費用）も賄えるのであれば、外で働くほうが合理的です。

プロの専業主婦（主夫）になる意識がないなら、資産形成だと思って外で働くことを検討するべきです。

Rule
家事代行サービスを頼んで、合理的に働こう

夫婦で稼げば収入源の多角化ができる

パートナーが十分に稼いでいるから、働く必要がないという人もいるかもしれませんね。しかしその場合、夫婦どちらか一方にしか稼ぎ口がないので、収入源の多角化ができていません。つまり、今の給料が十分なレベルだとしても、**専業主婦（主夫）のいる家庭は、無収入になるリスクを負っている**のです。

もはや終身雇用の時代ではありません。会社が雇用体系を変えて年俸制になった場合、年契約の雇用になってしまい、野球選手やサッカー選手同様、毎年、次の契約更新を考えながら年度末を迎えないといけません。

そんな予想外な展開でも、**共働きであれば、収入源の多角化でリスクを減らすことができます**。夫婦で違う業界や業種なら、なおさらよく、それぞれの業界の景気の浮き沈みでさえ、お互いでカバーが可能になります。

また、病気などで仕事を一時的に辞めるという、キャリアの一時中断ができるのも、収入源の多角化ができているからこその利点です。

もちろん、収入源の多角化は、一人でもできます。本業のほかに副業を持つことで、収入源を増やす方法です。副業は、想定外な状況への対応幅が大きくなるので、やれるならやっておいた方がよいと思います。

ただし、一人で収入源を増やすためには、当たり前のことですが、一つの仕事をやっている以上に時間も集中力もとられます。一方で、パートナーも働いてお給料をもらっていれば、自分の労働力を使わず（家事の分担は増えますが）、無理なく収入源の多角化ができるので、共働きをオススメします。

Rule 共働きで収入源の多角化をしていれば、将来のリスクが減る

家を買うことを検討する

就職や結婚などライフイベントを迎えたら、家を買うことも積極的に考えてみてください。これまで、どうやってお金を資産に変えていけるかを伝えてきましたが、やはり、資産の代表格といえば不動産です。その**不動産を「住む家」として保有しておけば、自分が住みながら、資産形成をしているという一石二鳥になる「ながら資産形成」が可能**なのです。

また、住む家は死ぬまで必ず必要ですし、持つのも借りるのもお金がかかります。不動産を購入することは、住む家にかかる費用を自分のコントロール下に置くことができるので、不確定要素を減らすという側面もあります。

持ち家を買うのは、結局、出費を考えたら借家と変わらないか、借家以上という話もありますが、それは自分がいくらで買ったのか、そして自分が住まなくなったときにいくらで売ったのかという結果論です。

資産というものは、すべてそういう側面がありますが、売却益を狙った投資目的で買って売却損を出したのであれば、それは失敗ですが、自分が住む目的で買った家であれば、売れた価格が購入価格より低かったとしても納得感があるはずです。

家は高額な買い物ですから、持ち家にする場合は、物件選びから頭金の準備と、時間をかけて行う必要があります。すぐに買うことができないからこそ、**ライフイベントを迎えたら、まず、家を購入する方向で考えるのか、そうでないのかを検討する必要がある**のです（持ち家での資産形成については、Chapter 8で詳しく述べることにします）。

ちなみに、借家に住み続けるという考えなら、妥当な家賃を決めるほか、家が資産にはならないので、ほかにどんなモノで資産を築いていくのかを考えるべきでしょう。

Rule

資産形成の観点で、家の購入を積極的に考えてみる

Chapter 8

家を会社の沿線で買うのは間違い

――不確実な時代だからこそ持ち家を持とう

持ち家で資産形成のススメ

家を買う――。これは、資産形成に興味のない人でも、実家から独立したとき、ある年齢になったとき、結婚したときなどに、一度は考えることなのではないでしょうか。

ご存じのように、不動産の購入には、価格下落のリスクがあります。

けれども、これは投資目的の不動産購入ではなく、あくまで自分が住む家のことなので、価格下落が起きたとしても売却するわけではなく、含み損失（時価が、購入時の価格を下回っているときの損失）がダイレクトに生活に影響することはありません。また、借家の場合にかかる家賃が発生しないので、急激な価格下落が起きないのであれば、家賃出費と相殺できるともいえます。

逆に、**家を買わずに借りるという選択は、リスクを取っている**といえます。

これまで20年以上デフレが続いていたので、家賃が高騰していくという経験はなかったと思いますが、今後は、日本人の給与所得が上昇しなくても、世界のインフレ（物価上昇）の影響で、外国製品や外国人主導でのインフレが起きることは十分に考えられます（Chapter 4の「インフレしている世界、デフレしている日本」を参照）。そうなれば、いま現在、国内ホテルの値段が上がっているように、家賃の値上がりも考えられます。

そのときに、お給料が上がっていなければ、住む家はグレードダウンするしかありません。

家賃が高騰するということは、バブル崩壊後の日本ではあまり想像しにくいと思いますが、世界では、そういった状況が実際に起きています。

例えば、１９９０年代後半から２０００年初め、私はＩＴバブルの中心であった北カリフォルニアのバークレーという学生街に住んでいましたが、そこでは急激な物価上昇で、同じアパートの同じ間取りでも、大学1年生の家賃は、４年前に契約した大学４年生より断然高いというインフレによる家賃高騰が起きていました。

このような急激な物価上昇が近い将来必ず日本で起きるとはいえませんが、だからといって借家の方がよいというのは過去の事実にすぎないのです。

確かに今後もさらにデフレが続くようであれば、持ち家を持つより借家の方が、住む家にかかるトータルコストは低いでしょう。しかし、私が懸念しているように将来的に給料が上がらなくても物価が上がっていくとなれば、家を買っておく方が金銭的にはお得でしょう。
結局、将来をどう見て、どう行動するかというあなたの判断が必要なのです。

これまで、お金を使って資産形成することを伝えてきましたが、資産の代表格の**不動産を住む家として保有しておけば、住みながら資産形成できるだけでなく、住宅ローンという特殊なローンのおかげで受けられる節税・節約に関するメリットもあります**。
また、生きていく上でモチベーションを持ち、かつ落ち着いた豊かな生活を送ることができるという効果もあります。

持ち家か借家かの金銭的なメリットは将来の見方によって変わりますが、不確定要素のある未来において、確実なものを手に入れるという安心感を得られるのも持ち家の効果です。

Rule
持ち家の方が資産形成にもなるし、メリットも多い

住宅ローンは組めるうちに組もう

家の購入には、まとまったお金が必要なので、住宅ローンを借りる人が大半だと思います。そのため、ローンは簡単に組めると思っているかもしれませんが、果たして、あなたも問題なく借りられるのでしょうか。

ローンというのは、銀行が返済を前提に貸してくれるお金です。銀行は、返済できない人にお金を貸すことはないので、返済能力を過去の実績から客観的に評価して、貸付するかどうかを決定します。

まず、現在の借金の状況はもちろんのこと、過去にさかのぼっての借金の返済履歴（クレジットカードの支払いが遅れたことがないかなど）などが確認されます。そして、**返済が遅れた記録があると、ローン審査に影響します**。

ですから、本書でもクレジットカードの項で説明しましたが、カードの利用にあたっては、常日ごろ、カード口座の残高や引き落とし額などを把握できるようにしておくべきです。

また、住宅ローンを組むかどうか考えるとき、うっかりしそうなのが、年齢と職業（特に勤続年数）です。

まず、年齢ですが、「月々の返済は給料が原資」というのが銀行の前提ですから、**定年前に返済が完了する人の方が、銀行としては貸しやすい**わけです。

「まだまだ仕事も家族計画も安定しないから」などといって、若いうちはローンを組まずにいて、ようやく40代になってローンを組むと、もし30年ローンであれば、完済するのは定年後の70代です。こういう人に対しては、銀行の返済能力の審査もより慎重になるので、頭金を多く用意するなど、審査通過のためのプラス材料が必要になってきます。

次に、職業ですが、**ローンの審査を受ける上で必ず影響するのは、給与と勤続年数**です。給与が一定だとしても、働いている会社が一定でなければ、安定的な給与所得があるとは見なされません。

ですから、フリーランスや自営業の人ほど、安定的な給与所得の証明が難しく、住宅ローン審査においては不利になります。反対に会社員というのは、この点で有利であることは間違いありませんが、転職を繰り返している人や、会社が倒産して職を変えることを余儀なくされた人も新しい会社の勤続年数が短いと、審査にはネガティブに影響するというのが一般的です。

今後は、終身雇用は一般的ではなくなっていきます。そうなった場合、所得が不安定になる人は増えるでしょう。

転職が家の購入のタイミングと重なってしまえば、銀行のローン審査が通らず、転職か家の購入かのどちらかをあきらめざるを得ません。また、失業した場合も、再就職して試用期間を終え、給与の額が安定してくるまでは、ローンでの持ち家の購入は難しいでしょう。

よく「転勤族だから」「社宅があるから」という理由で、どちらかというと、会社を中心にして家を買うかどうかを決断している人がいますが、家を購入するときが退職時や転職時、失職時だったりすると、ローンを組むことができないということも意識しておいてください。

ローンは「計画的に組む」だけでなく、「組めるうちに組む」のが鉄則です。今後ますます、その考え方が重要になってくることでしょう。

Rule
住宅ローンは審査があるので、組めるうちに組もう

住宅ローンで節税効果

あなたは、節税をしていますか。

税金対策で、「ふるさと納税」をしているという人もいるでしょう。

しかし、ふるさと納税は、節税ではありません。積極的にふるさと納税をして、返礼品をもらって喜ぶのもよいのですが、要は、自分の住んでいる自治体でなく他の自治体に寄付することで同額相当の税金が減額か控除されるだけで、本来納税する額とトータルの支出額に変わりはありません。

それならば、寄付せずに税金が還付される節税の方が、もっとうれしくないですか？

でも、節税なんてお金持ちのすることとか、節税するほど税金を払っていないとか、会社員だから絶対無理とか、自分には無縁だなどと思っている人も多いかと思います。

確かに、給料から税金を天引きされている会社員にとって、節税は簡単ではありません。しかし、**家をローンで購入すると、住宅ローン減税で節税効果が得られる**のです。

住宅ローン減税制度とは、正式名称を「住宅借入金等特別控除制度」といい、ローンの契約開始から10年間にわたり、毎年のローン残高の1％を所得税及び住民税から控除できる制度です（詳細な情報は、国税庁ＨＰなどで確認してください）。

つまり、２０００万円のローンを借り入れた場合、１年目の確定申告で１％相当の20万円が所得税および住民税から還付（所得税で控除しきれなかった場合、住民税からも税額控除）され、その後、毎年１００万円ずつローン債務を減らしていけば、10年間で合計１５５万円の節税効果を得られることになります。なお、住宅ローン控除可能額が納税額よりも大きい場合、納税額以上の控除はありません。

年数	ローン残高	還付金
1 年目	2000 万円	20 万円
2 年目	1900 万円	19 万円
3 年目	1800 万円	18 万円
4 年目	1700 万円	17 万円
5 年目	1600 万円	16 万円
6 年目	1500 万円	15 万円
7 年目	1400 万円	14 万円
8 年目	1300 万円	13 万円
9 年目	1200 万円	12 万円
10 年目	1100 万円	11 万円
合計節税金額		155 万円

毎年 100 万円ずつ返済した場合のローン残高と還付金

また、ローン残高の1％相当の税金が還付・減額されるので、繰り上げ返済（利子の額を減らすために、ローンの元金返済分を前倒しして返済していく方法）などでローン残高を減らせば、還付額も減り、節税効果が薄まるということになります。もちろん、繰り上げ返済は利子の金額を減らす効果がありますから、節税効果と総合的に判断する必要はあります。

持ち家をローンで購入すれば、不動産という資産を手に入れつつ、さらに節税もできるというメリットがあることがお分かりいただけたでしょうか。

Rule
家を住宅ローンで購入すると、住宅ローン減税制度により節税できる

住宅ローンは生命保険代わりになる

住宅ローンには、節税効果だけでなく、生命保険の役割を果たしてくれるというメリットもあります。

住宅ローンを借りるときに、ほぼ必ず入ることを条件とされている保険が「団体信用生命保険」、略して「団信（だんしん）」です。これは**住宅ローンの返済中にローンの名義人が死亡したときに、ローンの残債分の保険金が支払われる保障制度**です。

例えば、夫名義で住宅ローンを組んでいた場合、その夫が亡くなっても団信のおかげでローン残高に相当する保険金が支払われ、家を手放さずに住宅ローンが完済できます。残された家族にとってローンの返済義務が残らないのは安心です。

しかも、通常、銀行での借り入れの場合、団信は金利に含まれていますので、ローン以外のコストとして団信加入コストが発生するわけではありません。さらに、**「別途、生命保険の加入をする必要はない」**という判断もできるので、保険料の節約にもなります。

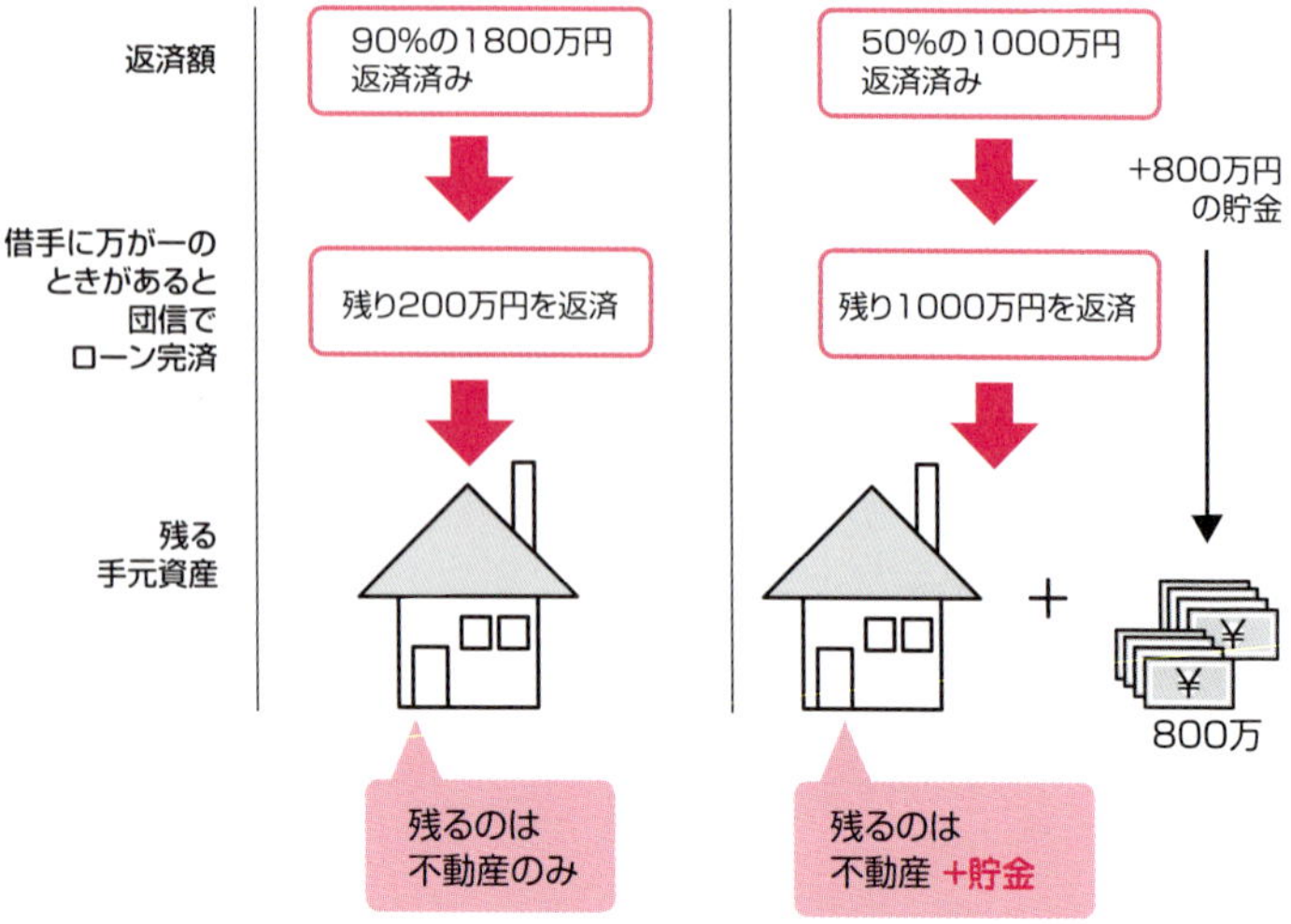

団信を生命保険としても活用するためには、ローンの支払い方にもコツがあります。それは、繰り上げ返済や返済額の増額をして、ローン残債を積極的に減らさないことです。

例えば、2000万円の住宅ローン借り入れがあったとして、貯金などせず、繰り上げ返済を積極的にして、ほぼ90%の1800万円の返済が完了しているとしましょう。この場合、万が一、団信の保険金が必要になったときは、団信で残りのローン200万円を完済することができますが、貯金などはないので手元資産は不動産だけとなります。

一方で、余裕を持った返済で（2000万円のうちの50%である1000万円の返済が完了）、余裕資金は貯金（800万円）していた場合、万が一のときには、団信で残りの

1000万円の住宅ローンが完済でき、手元には不動産と余剰資金800万円が残ります。

もちろん、団信の保険金が必要になるような事態が起きなければ、繰り上げ返済をしておいた方が、利子の支払い額を抑えられたということになります。しかし、万が一の事態は誰も想定できないので、積極的に手元資金を減らす繰り上げ返済もリスクを高めているという考え方ができます。

また、一生借家暮らしをするのであれば、負債を抱えることもない代わりに、万が一のことがあった場合に、家賃が払えず住む家がなくなるリスクが生じます。

私の知り合いの女性は、家を購入する直前に夫が突然亡くなってしまい、持ち家を持てなかったどころか、借家も夫の給与から支払いをしていたために、引っ越しを余儀なくされました。

もちろん、生命保険への加入などでリスクを抑えるという対策はできますが、**団信を利用することで、最も精神的に大変なときに家を引っ越す必要がない**というのは、持ち家ならではのメリットといえます。

Rule
万が一の場合、団信でローンが完済でき、家にも住み続けられる

繰り上げ返済が正しいとは限らない

住宅ローンには利子を払うデメリットはあるものの、住宅ローン減税や団信を考慮すると、ローンを持つことも悪いことではないというのが分かっていただけたのではないでしょうか。

それでも、長期の固定金利でなく、変動金利や数年の固定金利でローンを組んでいる人の中には、将来の金利上昇のリスクを取りたくないから早く完済したいという人もいると思います。また繰り上げ返済をしないと定年後も返済し続けなければならないので、それは避けたいという人もいるでしょう。

住宅ローンのメリットもデメリットも理解した上での判断であれば、繰り上げ返済もよいと思います。けれども、**利子は、今の生活の負担を減らすための手数料**でもあります。**生活を引き締めすぎるほどに引き締めて、住宅ローンの完済を焦る必要はありません**。

また、余剰資金を不動産の返済に集中的に充てて繰り上げ返済をすると、借金は減っていきますが、資産が不動産だけという状況になります。

そこで、もし**余剰資金をほかの資産購入に充てれば、資産を分散することになり、資産価値**

の変動リスクを分散することが可能になるのです。

自分のスキルアップや子どもの将来のための学費など、無形の資産に充ててもよいですし、家具など有形資産の購入に充てるというのもよいでしょう。

決められた返済額を地道に返していくことは義務ですが、それ以上の額を返済して早めの完済を目指すのに夢中になり、家の中の家具はとりあえずの消耗品、子どもの習いごとも辞めさせて、というのでは本末転倒です。不動産という資産を持っただけで、ほかの部分で結局、無駄遣いをしたり人生の喜びの機会を失ったりしているということになります。

家族構成や定年退職の時期、ライフスタイルなど、ローン返済に関わる事情は、人それぞれです。**むやみやたらに完済を目指すのでなく、自分の生活に合ったローン返済をするのがよい**と思います。

持ち家派の人には、ただ不安だから、みんながそうしているからという理由だけで完済を焦ってするのではなく、自分に合った返済方法を考えてほしいと思います。

Rule
急いでローンを返さず、余剰資金で資産を分散することも考えよう

家を高値づかみしないために

持ち家は売却目的ではなく、自分で住む家なので、資産価値の下落がすぐに生活に影響することはありません。

とはいえ、手狭になって自宅の買い替えなどをする場合、売却額がローン残高よりも低かったりするのは、できる限り避けたいものです。

不動産価格が高騰しているときに物件を買ってしまうと、結果的に高値づかみをしたことになりますが、この市況と購入のタイミングは運でもあります。特に中古不動産の場合、なかなか売りに出ない物件が売りに出たら、買うか買わないかを判断するしかありません。

一方で、持ち家を持つときに、資産価値がない家を、その価値以上の価格で買ってしまうことは避けたいですし、これは運ではなく、自分で見極めれば避けられます。

資産価値がない家を価値以上の価格で買う一番のリスクは、建物のスペック（仕様）の見誤りではないかと思います。

不動産のチラシを見ると、物件の長所らしきことがたくさん書かれています。「ウオークインクローゼット有り」「全室フローリング」「風呂追い焚《だ》き機能付き」などと一見価値がありそうですが、実は資産的に見るとそれほど価値があるとはいえないものが列挙されているのです。

こういったことに魅力を感じて購入してしまうと、不動産会社の思うつぼで、高値づかみのリスクとなります。Chapter 3でも述べましたが、**大切なことは、一生変わらない価値に着目して不動産を見る**ということです。

具体的には、**「方角（南向き・南東向きなど）」「立地（駅から徒歩何分か）」「土地の広さ（マンションであれば土地の持ち分）」**の三つです。

それ以外の、床暖房やアイランドキッチンなどの内装の価値は、一生変わらない価値ではなく、トレンドの変化や新しい技術の導入で評価が変わるので、「価値はゼロ」と考えておくべきです。

では、さらに細かく、この一生変わらない三つの価値を見ていきます。

まず「方角」は、南向きで周りに陽をさえぎるものがなく、建築基準法などで高層建物が規制されているとベターです。万が一、購入時は南向きが売りだったのに、ある日を境に高層建物が建ち、陽がさえぎられるとなると、価値はその分落ちてしまうので、周囲の建設予定や規制も確認が必要です。

「立地」は、駅から近い方が需要は落ちないというのが一番分かりやすい指標です。それ以外の小学校や病院からの距離というのは、ひとまず無視しておく方が安全かと思います。というのは、小学校からの距離などがアピールポイントとしてチラシに書かれていても、購入者が独身という場合もありますし、一概にそのアピールポイントが購入希望者の希望条件に重なるとは限らないのです。

「土地の広さ」とは、一戸建てでいえば土地の広さで、広さと値段は比例するのが一般的です。マンションであれば土地の持ち分で、一般的に、タワーマンションなど限られた土地に建てられた総戸数が多い建物の場合、土地の持ち分は小さく、戸数が少ない低層の方が持ち分は大きいです。

土地の持ち分と値段は比例するべきなのですが、新築マンションの場合は、そうでないケースも見られます。同じエリア、同じ築年数、同じ広さ、同じ立地、同じ方角のタワーマンションと低層マンションが、同じ価格で販売されているとしたら、価値は低層マンションの方が高く、タワーマンションは高値づかみのリスク有り、と見てよいと思います。

このように、建物の価値の見極めを間違うと、高値で購入してしまうリスクがありますが、**難しいことは考えずに、「方角」「立地」「土地の広さ」を客観的に判断してください**。

その上で、建物や内装の価値は、築年数が浅いほど価値が高く見積もられていますので、周囲の似たような方角、立地、土地の広さを持つ他の物件と比べて、妥当価格を探るのがよいと思います。

Rule

家は、「方角」「立地」「土地の広さ」を見て購入する

現実の不動産市場を見極める

Chapter 3でも説明しましたが、需要が供給を上回る（需要＞供給）構図が将来にわたって見えるかどうかは、不動産を見る上でも大事なポイントです。

特に日本においては、**今後の人口減少が明らかに不動産の価値に影響を及ぼす**と考えられます。

そこでまず、人口減少は不動産を供給過多（需給＜供給）にさせると考えるのが自然です。そのため不動産対策を考えるとしたら、人口が減少しても人口の流入があるエリアを選ぶことです。住宅地として大規模開発され一時的に人口流入が爆発的な形で起き、その後続かないというような場所よりも、人口流入が断続的にあるエリアを選ぶということです。

次に、**供給が少なく、需要が供給を上回っている立地を選ぶことがポイント**となります。

例えば、駅徒歩圏内の立地だったり、複数路線が交わる駅の徒歩圏だったりすると、駅前に土地が余っているということがなければ、不動産自体の供給は今後それほど増えることもありませんし、需要も底堅いのではないでしょうか。

一方で注意したいのは、供給が多いタワーマンションが立ち並ぶ地域です。立地が駅前などで条件がよいとしても、その供給数の多さや土地の持ち分の低さから、将来的に供給過多となり、価格が下落するのではという懸念があります。

このように不動産選びは、「今」だけを見るのでなく、将来の需要や供給を考えることが大事になります。

自分の会社の沿線だから、などと安易に家を買う場所を選んだとしても、そこに他の人の需要があるとは限りません。また、転職したり、自分が転職しないとしても、会社の場所が変わったりするということもよくある話です。ですから、**勤務先の沿線という理由で家を選ぶのは、オススメしません**。

そもそも終身雇用がなくなっていくこれからは、特定の会社に通うためにエリアを選ぶのではなく、「都心に出やすい」「複数路線があるのでどこに行くのも便利」などという、一般的な目線でエリアを見た方が、将来の需給にも通ずるところがあるでしょう。

Rule
自分の会社の沿線だからという理由で家を買ったら失敗する

持ち家なら長期目線で家具や内装を選べる

ここまで、不動産を選ぶときは、立地や方角、需給など、客観的目線を大事にする必要があることを説明しました。

「せっかく持ち家を持つのに、客観的目線ばかりで自分の好みを全然取り入れられないなんて、がっかり」という声も聞こえてきそうです。

でも、安心してください。内装は、自分の好みを取り入れてください。そして、資産形成にもこだわるとしたら、オススメしたいのは、家具で自分の好みの家をデザインすることです。

すでに説明しているように、床暖房やキッチン設備など建物の内装は、減価償却の観点から見て、経年劣化して価値が必ず落ちていくものです。家を建てる場合やリフォームをして住む場合には、自分の生活スタイルや好みを取り入れてよいと思いますが、建物の価値はいずれゼロになるのですから、コストをかけすぎて、結果的に無駄遣いにならないようにしてほしいのです。

一方で、家具はそもそも長く使えるものですし、持ち家なら、めったに引っ越しすることもないでしょうから、**少し予算オーバーしてもクオリティーの高いものを購入してよい**と思います。

こうすることで、資産としての家具を購入できるのですから、一石二鳥です。持ち家だからこそ、すぐに家を完成させる必要もなく、少しずつ、資産となる家具を増やしていけばよいと思います。

私もダイニングテーブルやソファなど、生活する上でかなり必要度が高いものはこだわりを持ちつつ、スピーディーに購入してきましたが、それ以外の家具は、ゆっくり時間をかけて増やすようにしています。

最近、ようやく鏡台を手に入れました。なかなかピンと来るものがなく、10年越しで見つけた、私にとって初めての自分専用ドレッサーです。このドレッサーの前で、夜に顔をお手入れするときは、至福の瞬間で、私の新たな夜の楽しみになっています。

新しい楽しみを増やせるのも、家具を少しずつ増やしていくメリットだと思います。

また、たまにやってみる気分転換として、カーテンの色を変えたり、家具の配置を変えたりするのもオススメです。

こだわりを積み重ねていくというスタイルができるのは、持ち家ならではの特権です。

借家では、今の気分に合った内装の家に引っ越して、今だけよいと思う家具をそろえて、飽きたら別の家に引っ越せばよいということもできますが、そうすると、資産形成を同時にはできないので、どちらかというと浪費的な生活といえます。

Rule
よい家具を少しずつそろえ、資産形成しつつ、自分好みの内装にするとよい

心に安定をもたらす持ち家の魔法

不思議といえば不思議ですが、高い買い物をして、ローンを抱えても、家を買うと心が安定するのです。

それだけでなく、**家を買うというのは、自分のやってきたことを形として証明しています**。家は誰でも買えるわけではないですし、ローンは誰でも組めるわけではないのですから、自分がやってきたことが評価された証しなのです。

自己満足と思われるかもしれませんが、人生がうまくいっていないときに、「それでも、私はこの家を持っている」と思えるような〝**変わらない価値**〟を手にしていることが重要です。家は、自分が毎日帰る場所というだけでなく、心も原点回帰できる場所になれるのです。ですから、そういう意味でも、私は家族を持っている人だけがマイホームを持つべきだとは思いません。独身でも、心を原点回帰できる家は必要だと思います。もし、家族ができたら、売却して、家族用のマイホームの資金にできるのも不動産の強みなのです。

さらに、**家を持つということは、働くモチベーションにもつながります**。

私はワーキングマザーですが、子どもと触れ合う時間を削ったり、夫に家事の分担を負わせたりしてまで働くということに意味を見いだせない時期がありました。しかし、家を持ち、ローンを抱えるということは、自分が働いていなければ叶わなかったことですし、ローンの返済が働くモチベーションになっていることに間違いありません。

持ち家を持つときは、その土地でどういう学校に行くか、将来職場が変わってもこの駅の沿線で大丈夫かなど、将来をよく考えて購入を決めるはずですし、そうすることで、不確定要素が減っていき、落ち着いて生活ができるようになります。

もし、気に入った場所が見つかったのであれば、**長く住むことを前提に〝心の拠り所〟となるような家を買うようにしてください**。まさにそれがあなたの資産になることでしょう。

Rule 持ち家は、心を安定させ、働くモチベーションにもなる

Chapter 9

「キャリア」という資産の活かし方

――「自分」でお金を稼げるのであれば、それは立派な資産です

キャリアは資産

目に見えて触れるモノだけが資産ではありません。

資産には有形資産と無形資産があります。触れなくても、そのもの自体に客観的な価値があり、お金に換えられるものであれば資産なのです。

一番身近なところでの無形資産、それは自分自身です。

「自分」でお金を稼げるのであれば、それは立派な資産です。仕事を持っていることは資産になり、キャリアを着々と築いていることは、資産を増やしていることになるのです。

お給料が今後増えないというのは、この本を通して幾度となくお伝えしていることですが、だからといってキャリアという資産を築いても意味がないというわけではありません。

仕事が人生に占める割合は大きいですし、意味がないと思いながら仕事をしているのもつらい話です。それよりも、自分の進む道を歩んでいる感覚を持って仕事をしている方が、より幸せな人生です。ただし、これからは働き方を少し変えていく必要があります。少子化が進み、経済が低成長という状況で、日本の現在の雇用制度は破綻寸前です。

そんな環境ですから、これからは会社員であっても**「会社で働く」という考え方を捨てて、「自分のスキルで稼ぐ」という考えに転換していかなければなりません**。

これまでのように、残業代で生活費を稼ぐこともできないですし、年齢を重ねるごとに給与が上がっていくとは限らないのです。また、今までのように一つの会社だけに労働力を提供することも推奨されない時代になっていきます。

これらは最近、政府が掲げている働き方改革の中で、「長時間労働の是正」「副業・兼業の推進」という形で取り組まれている内容でもあります。

「一つの会社のために会社が望むように働く」という流れから、「誰のためでもよいから1人当たりの仕事のアウトプットを大きくすること」が重要になります。つまり仕事は、会社主導から個人主導に変わっていくのです。

働き方を変えて仕事のアウトプットが増えた人は、より生涯収入が高くなることになるでしょうし、会社の中で出世するよりも効率的な給料アップの方法かもしれません。

ただし、これを行動に移すのは簡単ではありません。特に会社員の家で育った人ほど、会社のために働く親を見て育ち、自分もそうなっているのですから、それが当たり前のことであって、ほかにどんなことをして仕事のアウトプットを増やしたらよいのか途方にくれてしまうのではないでしょうか。

私自身はサラリーマン家庭で育ちましたが、日本の会社だけでなく外資系での経験もあるので、そんなふうにはならないだろうと思っていました。しかし、会社員から独立して自分で好きなことをやってよいという環境になると、会社でなく自分が前面に出ることに戸惑うことがありました。

これから働き方改革は推進され、改革は浸透していくとは思いますが、自分のマインド改革というのはなかなか急には進みません。備えあれば憂いなし。早めにマインド改革に着手しておけば「そのとき」が来てもスピーディーに対応できるでしょう。

キャリアは資産です。有形資産同様、時代によって変わる価値もありますが、過去にとらわれず、変わらない価値を見つけて、一生積み重ねていくつもりで「キャリア資産」を築いていきましょう。

Rule
会社のためではなく、自分のスキルで稼ぐ働き方をしよう

ブランドではない、本物のキャリアを築く

仕事の内容よりも、働いている会社名や役職名に、価値を見いだしていませんか。

でも、これは日本の採用システムを考えれば、仕方のないことです。最近では変わってきている会社もありますが、日本の会社では、新卒採用で部署採用をしているところが少なく、入社して配属されたところで働くという、やや受動的なキャリアスタートになっています。どのポジションで働きたいのか、そのために何を勉強してきたのか、ということは重視されないのです。

入社後は、新卒社員は一律の給与から始まり、その後の給与上昇カーブもだいたい同じという、いわゆる年功賃金ですから、会社名や役職に価値を見いだすのは、当然といえば当然なのです。

しかし、誰でも知っている有名企業の役職に就いていたからといって、他社でも仕事ができるかというと、それはまた別の話です。その上、日本の経済は低成長ですから、会社も成長するには今まで以上の努力が必要です。成長できない部署は、撤退や雇用削減をするしかないで

すし、実際に早期退職制度を導入している会社は大企業にも多く見られます。解雇されることも当たり前の時代になったのです。

営業マンとして働いている私の友人が、転職をして業界トップの会社に入ったときの話がとても印象的でした。

それまでは、顧客に電話をかけても相手にされないので、電話を切られないように、あの手この手でネタをつくっては電話していたのに、会社名が変わっただけで、電話を切られなくなり、仕事もスムーズにいくようになったそうです。

このように、会社にブランドがある場合、それが当たり前になって、個人としてどこでも通用するようなキャリアを築けないケースがあります。

リーマン・ショック以降、かつての大企業が大幅リストラで縮小したり、ベンチャー企業が台頭したり、状況は様変わりしています。会社名ばかりに価値を見いだしたところで、その会社が破綻すれば、個人の価値などいとも簡単になくなってしまうのです。

会社が不安定になったとき、頼れるのは自分の資産だけです。有形資産もそうですが、自分自身という無形資産も同様です。

そして、自分の「キャリア資産」を増やしたければ、自分自身のスキルを上げていくしかないのです。会社に籍を置いていることに満足せずに、転職する予定がなくても、常に自分のスキルが社外でどう活用できるかを考えながら、キャリア構築をしておくことが大切です。

Rule

どこでも通用するスキルを考えながら、キャリア構築をする

自分のキャリアを振り返る職務経歴書を書いてみよう

社外で活用できるキャリアかどうかを、どうやって判断するのかが分からないという人もいるかと思います。

そんな人にぜひ書いてもらいたいのが職務経歴書です。

日本では、就職活動や転職活動をするとき、履歴書を書くと思いますが、海外では職務経歴書といって、これまで自分が培ってきた仕事や勉強の具体的な内容や、どんなスキルを持っているのかを自由フォーマットで書くのが一般的です。最近では、日本でも履歴書のほかに職務経歴書を添えて求人先に提出することが増えてきました。

履歴書と違ってここに書く内容は、どこの学校を卒業したとか、どこの会社で働いていたかということよりも、何を学んできたのか、何をしてきたのか、何ができるのかということを重要視します。

初めて書く人は、「1枚にぎっしりなんて、とても無理」と思うかもしれません。けれども、海外では職務経験のほぼない新卒採用の応募でも、こうした内容を書いていきます。ですから、書けないと思うのは、自分のキャリアについて考え慣れていないだけなのです。

私も職務経歴書は、余白がないほどに埋め尽くします。でも、それは私が特別にすごいキャリアを持っているからではなく、常に仕事を客観視して、どう活かせるかを考えているからです。

例えば、下っ端であるがゆえに、課員全員のスケジュールを調整して、課のミーティングを設定していたときは、

■複数名のチームのタイムマネージメントを行った経験からチームの中での調整が巧み
＝チームワークでする仕事が得意
＝コミュニケーション能力に優れている

という形で、自分を評価しました。

ソニーに新卒で入社し、望んでいたわけではない秘書として配属された経験も、

■大企業で経営者の動きを間近で見た経験がある
＝経営者のクオリティーで業績が変わることを知っている

＝上場企業の数字に表れないソフトな部分を加味して評価できる

というふうに、アナリストとして上場企業を調査するポジションになったときに、自分にしか持っていない経験としてアピールしました。

また、スポーツを長年していることから、

■勝敗を分けるスポーツで勝つために日々トレーニングをしている

＝結果を出すために努力できる

＝困難を乗り越えるだけの精神力がある

というように、プライベートにも触れて自分なりに評価をしたところ、経験のない仕事を任されたこともあります。

このように、たとえトップセールスマンやスーパーエンジニアでなくとも、職務経歴書でアピールできるのです。

自分の経験に基づき、その経験からどのようなスキルが得られ、その経験がどのような自分をつくり上げたのかを、自分の言葉で伝えればよいのです。

若干仰々しく聞こえるかもしれませんが、自分のことを知らない人に自分を知ってもらうとなると、控えめに書いては相手に伝わりません。

履歴書は単に学歴・職歴を書くだけですが、職務経歴書は自分でデザインして、事実であれば、どこにフォーカスを当ててもよいので、自分の考え・やる気をアピールできます。同時に新たな自分を発見し、それが自信になる人もいると思います。

自分のキャリアを振り返ることは、キャリアアップのきっかけになったり、キャリアチェンジする後押しにもなったりするので、ぜひ一度、職務経歴書を書いてみてください。

Rule
常に仕事を客観視して、どう活かせるかを考える

資格がなくてもあなたは十分稼げます

私がソニーから証券会社のアナリストに転身したときも、アナリストから起業したときも、他人からよく聞かれたことは、資格の有無です。

でも、何かにチャレンジするときに、必ずしも資格は必要ないのです。

そもそも、好きなことを仕事にしたいのであれば、資格の勉強をする前に、好きなことを仕事としていきなり始めてみるなり、転職活動を行ってみるなりした方が近道です。もし、うまくいかないときにその理由が「資格を持っていない」ということであれば、そこで初めて資格取得のための勉強をスタートすればよいのです。

医者や弁護士など、資格がないと仕事ができない職業でなければ、必ずしも資格を取ることからスタートする必要はありません。**何かにチャレンジしようと思ったときに、「まず資格を取ってから」と考えるのはやめましょう**。そうすれば、もっとさまざまなことにチャレンジできるはずです。

例えば、私の以前の職業である株式アナリストは、会計知識や業界知識は必要ですが、特に資格は必須ではありません。あえて言えば、CFA（Chartered Financial Analyst）という資格があり、その資格を持っているアナリストは知識があると認められていますので、実際に投資家と話すときなどに箔《はく》がつくことはあると思います。

しかし、その資格をアナリストになる前に取得した人は私の周辺ではいませんし、アナリストとして働きながら数年かけて取得するのが一般的です。

私がアナリストとして証券会社の採用に臨んだとき、アナリストとしてのある程度の知識はありましたが、経験はなく、いかんせん私の知識量をアピールしたところで、すでにアナリストをしている人たちに敵《かな》うはずもありませんでした。そこで私は、精神力の強さと体力を前面に押し出して面接に臨み、採用を勝ち取ることができました。

このように、資格なしでも、応募したら雇ってくれる会社があるかもしれません。特に20代や30代前半での若い世代のキャリアチェンジであるならば、なおさら雇われやすいです。仕事の応募で、失うものは何もありません。恐れる必要はないのです。

もちろん、私の採用ストーリーには裏話があります。1社だけを受けてすんなり合格したわけではなく、それこそ受けられる会社はすべて受け、ことごとく落とされた経緯があります。

けれど、あのとき「まずは、資格ありき」で考えていたら、3年ほど資格取得のために時間が取られ、今の私のキャリアはなかったことでしょう。

資格だけでなく、習い事やセミナー参加などの自己投資も注意が必要です。意欲は大事ですが、「自分資産」アップに本当につながっているのか、今一度考えてみてください。趣味で通うのなら構いませんが、仕事に役立たせるのが目的なら、「語学学校に通い続けて何年もたつけれど、仕事では一度も使っていない」などということはないようにしたいものです。

資格取得や自己投資は、選択肢の一つではありますが、現実の仕事でチャレンジしていくことでスキルアップする方法を、積極的に探っていきましょう。

Rule

資格取得より、現実の仕事でチャレンジする方がスキルアップの近道である

日本の雇用制度は破綻寸前！

昨今話題になっている、政府が掲げる「働き方改革」。

この働き方改革の中では、長時間労働の是正が掲げられ、長時間労働は望まれないのかと思いきや、労働時間規制を外す高度プロフェッショナル制度の導入検討や副業・兼業の推進など、長時間労働を推進しているようにも取ることができ、目的がよく分かりません。

しかし、日本の雇用制度を改めて振り返ってみると、今、政府が働き方改革を推進する理由が見えてきます。

日本の雇用制度は、世界の中では非常に特殊です。

欧米では、会社に足りない部分や抜けてしまった部分に、ぴったりマッチする人材を採用する、ポジションごとの雇用をします。ですから、そのポジションの重要度や採用したい人材のレベルに合わせて賃金も決められます。しかし、事業撤退などでそのポジションが会社からなくなってしまえば、そのポジションに就いていた人は解雇となります。

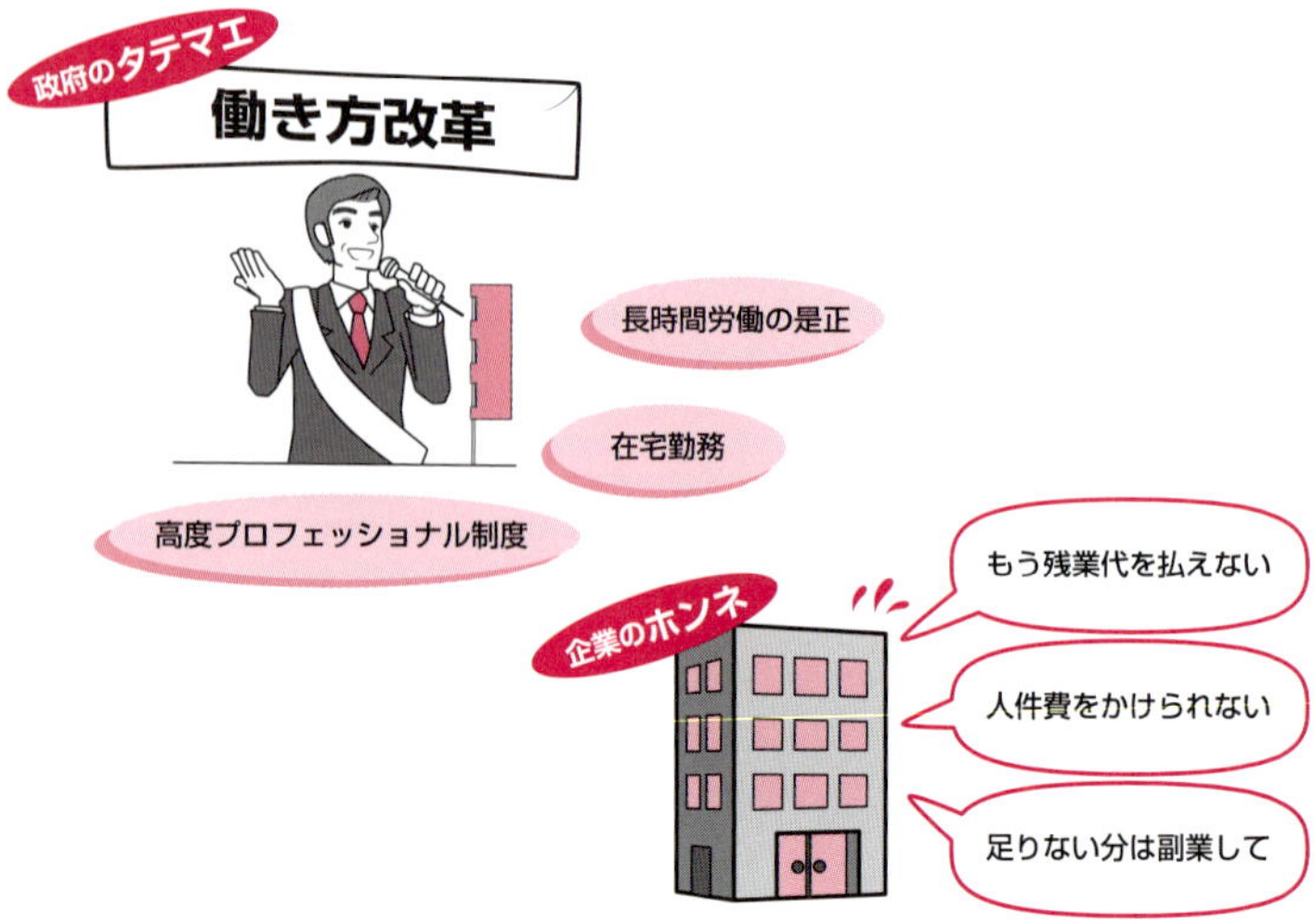

スキルのない新卒の場合は、職を見つけるのに不利ですが、専門性のあるキャリアを積んだ経験者であれば、経験やスキルに応じて給与をアップしていくことが可能です。

一方で、日本は新卒一括採用で、社内教育によりスキルを身につけさせ、賃金体系も年功序列で原則終身雇用します。新卒で仕事を見つけることは容易ですが、ポジション採用ではなく会社採用なので、本人の意思にかかわらず配置転換もあり得ますし、自分でキャリアデザインを描くことは難しい制度です。

この独特な日本の雇用方式は、高度経済成長期に会社規模が右肩上がりに大きくなるフェーズでは、人材確保と人件費高騰の抑制を可能にし、企業側にメリットのある制度でした。

しかし、現在のように、経済が低成長で売上利益が上がらず四苦八苦しているときに、年功賃金制度で人件費だけが右肩上がりに上がっていくのでは、会社の存続に影響します。

そこで、**政府が残業代を減らし（＝長時間労働の是正と労働時間規制の撤廃）、足りない分はほかで稼ぐこと（＝副業許可）を推進するのは、自然な流れ**といえます。

日本の独特な雇用制度が、破綻しかけていることは事実です。これから雇用に変化が起きるのは予想できますし、その岐路に立っている今、何も考えずにいて、ある日、自分の給料が減っていることに気づくのでは遅すぎます。

給与と貯金だけが資産という考え方を変えることは、この本で伝えている通りなのですが、**資産であれば一つより複数に分散、給与であれば1社からより複数社からもらえて収入源の多角化ができている方がより安全です**。

その意味で、共働きや副業は取り入れた方が資金も増えますし、キャリアという資産も築くことができます。

Rule
政府の「働き方改革」にはウラがある

一つの仕事でキャリアアップを狙わない

自分のスキルを増やせば資産増になりますが、別に一つの会社でそれを目指す必要はありません。副業は新たな収入源となるだけでなく、会社員にとっては新たなチャンスの場ともなり得ます。

先に述べたように、日本企業はポジション採用でなく会社採用が基本ですから、自分の意に反した配置転換があったり、思うようにキャリアアップができないこともあると思います。私も新卒でソニーに入社して、秘書からキャリアをスタートして不本意だった経験があります。

しかし、副業によって自分のスキルを社内だけでなく、社外でも評価してもらえたら、やりがいになるだけでなく、キャリアアップも可能なのです。

会社の外に目を向けてみると、自分の会社では雑用的な仕事でも、実は社外ではニーズがあったりするなどという発見もあります。また、かなりのアイデアマンでも、組織の中では自分のカラーを出せないという場合、副業の中では自由に自分のアイデアを形にできます。

副業をすることで、会社に特化したキャリアでなく、どこにでも通用するスキルを伸ばしていけるので、会社に依存しない形でのキャリアを形成することができ、今までとは違う可能性を手にすることができます。

私の知り合いのインターネット業界を担当している株式アナリストで、趣味のワインをオンラインで売る酒屋事業を（酒類販売免許を取得して）副業にしている人がいます。

副業を通してオンラインショップの最新動向を得られるので、それを本業のアナリストとして活かしているという、まさに相乗効果のある副業をしているのです。

このように、副業の経験が本業でも活かせるかもしれませんし、副業がうまくいけばそちらを本業にすることも可能です。副業をしておくことで、定年退職した後でも、仕事を継続することができます。

中小企業庁の資料によると、２０１４年度の時点で85・３％の企業が「副業・兼業を認めていない」など、実際のところは副業を認めていない会社が大多数なのが現状です。しかし、政府の動きを受けて、ここに来て大企業が副業を解禁し始めています。

また、今は副業が解禁されていない会社に勤務しているとしても、例えば、専業主婦（主夫）

のパートナーがいるならば、副業のアイデアは自分が考え、実際の業務はパートナーにやってもらうという形もできます。この方法なら、本業に支障なく、パートナーも収入を得ることが可能です。

その場合はもちろん、実際に自分が業務をする立場でなくても、職務経歴書には、「ビジネスモデルの構築と円滑なオペレーションのためのアドバイス経験あり」を付け加えるのをお忘れなく。

Rule 副業で、会社に依存しないキャリアを構築しよう

Epilogue

エピローグ

資産はあなたを裏切らない

資産形成は、人生に主体性を与えてくれる

人生は不確定要素ばかりです。

結婚するかも分からないし、子どもが生まれるかも分からない。職を失うかもしれないし、会社が潰れるかもしれません。

そんな、不確定要素ばかりの中でも、確実に自分次第でできることが「資産形成」です。しかも、「もらった給料は生活に充て、余ったら貯金する」というような受け身の態度ではなく、資産形成マインドを持つことによって、自分がどのように生きたいかさえも自然と見つかっていくのです。

私の友人で、こんな女性がいます。

彼女は、短大卒業後に就職し、私が初めて会ったときには秘書をしていました。また、彼女は、結婚願望が強く、結婚後は都心に住むことが夢でした。

しかし、なかなかよい人に巡り会えず、結婚より前に、独身30代で、都心にワンルームマンションを買う決断をしました。

結婚願望があっても、それは相手や巡り会わせ次第。自分でコントロールできません。

そこで、資産形成を婚活と同時進行で行ったのです。購入したマンションの近くのお店を開拓して常連になるなど、まさに都心でのひとり暮らしを謳歌《おうか》していたところ、30代後半でよい出会いがあり、結婚し、子どもを出産しました。

結婚当初はそのマンションに夫婦で住んでいて、子どもができたのを機に売却して、新しく引っ越したマンションの購入資金にしたそうです。

彼女は、「結婚したい」という目標のもとに婚活の努力をしつつ、同時に「都心に住みたい」という夢を自らの資産形成で先に叶えたのです。

また、資産形成の観点では、マンションのローンはありますが、持ち家なので家賃を払わずに済んでいましたし、売却時には新しいマンションの購入資金にもなったのです。

仮に、彼女がまだ独身だとしても、彼女の「家」という資産はそのまま資産として、彼女の家賃負担を軽減したり、職を失ったときの保険として、彼女を支え続けたことでしょう。婚活だけを頑張っていた場合と比べて、お金は有意義に使えていたのではないのでしょうか。

何も決められず、やみくもに節約したり、無駄にお金を使っている人よりも、資産形成の決断を日々している人というのは、自分が何をしたいか、どう過ごしたいかを常に考えていますので、自分自身をよく分かっています。

だからこそ、不確定要素にばかり振り回されず、資産を着々と形成でき、自分の目標ややりたいことを実現できるのです。

資産形成マインドを意識して人生の流れが変わった私

今でこそ私は、資産形成の観点でモノを見るという考えを持っていますが、昔からそのような考えを持てていたわけではありません。

教育には熱心であるけれど、お金の話は子どもがするべきではないというような、ごくごく一般的なサラリーマン家庭で私は育ちました。

そんな私が、自分で資産をコントロールする必要性を感じたのは、社会人になってからの経験を通してです。

私の就職活動時期は、就職氷河期といわれる中でも最悪レベルで、大学求人倍率0・99の時代でした。いくらよい大学を卒業しても、希望通りの就職ができなかった人がたくさんいたのです。

そんな中、私は運よく一流企業といわれる会社に入社しましたが、当時、社内では一定年齢の人を対象に早期退職優遇制度が設けられており、退職したくない部長級の社員が受け入れ先を探し回っているのを目の当たりにしました。

よい大学を出ても就職できない。よい会社に入っても職を失うことがある。

私は、学歴や会社名という肩書きに依存することほど、信用できないことはないと実感しました。そう気づいた瞬間から、「将来のために貯金する」という考えをやめ、自分の人生を豊かにするモノにお金を使うように意識を変えました。

その当時は、月給20万円でしたが、まず自分の意識を変えることから始めました。自分の考え方を変え、買うものを変えたら、価値観も変わり、仕事への取り組み方も変わりました。そうして、自分がほしいものや、やりたいことが明確になると、性格まで積極的になり、以前なら「無理だろう」とあきらめてしまったことも「やるだけやってみよう」という感覚に変わっていきました。

さらに、そうして成し遂げたことの先には、自分という資産価値が上がるのだという自覚が芽生えてきたのです。そうなると、不思議なことに人生が自分の好きな方向にどんどん流れていくのです。

例えば、ソニーからアナリストに転職したとき。「畑違いの業界へのキャリアチェンジなんて無理かな」と自分でも半ばあきらめながら転職活動を続けていたものの、アナリストになったら、実は同じ企業出身の人もいて、自分で自分の限界をつくっていただけなのがよく分かりました。おまけに、アナリストとして、台湾人の上司の下で、思いがけず台湾流の資産形成を教わることができました。

それから、出産したとき。自分がワーキングマザーとして働けるかどうか不安でしたが、子どもを預けた保育園でたくさんのワーキングマザーと出会い、さまざまなキャリアの人が仕事と子育てを両立しているという事実を知り、勇気をもらいました。さまざまな業界の人と〝ママ友〟として出会えたことで私の世界が広がりました。

たかがお金ですが、されどお金なのです。「お金の流れを変えれば、人生が変わる」とは、まさにこういうことだと思います。

資産形成マインドを持って当事者意識でお金のことを考えると、より明るい気持ちで人生を送れるようになります。私は、資産形成マインドを知るだけで、人生がよい方向に向かうということを多くの人に知ってほしいです。

人生が違うように、資産も人それぞれ

資産は、人それぞれです。

私のアメリカ人の友人は、ウイスキーを好んで収集しています。

日本各地のウイスキー工場に行くのが彼の楽しみで、売るつもりで収集しているわけではありませんが、好きが高じて、自分が飲み切れる以上のウイスキーを購入して、収納用の倉庫まで借りています。

私にはウイスキーの価値はまったく分かりませんが、彼のウイスキーの知識や昨今のウイスキーブームを考えると、ただの自己満足でなく、資産としての価値があることは想像できます。外国人目線で日本のウイスキーを購入できるのも彼の強みで、彼にとって楽しみながらの資産形成になっています。

彼はウイスキーですが、私はアクセサリーなど身につけるものに、資産価値を見いだして購入しています。もっとも、ファッションに特別センスがよいわけではありません。

先日、プロのスタイリストとお話をする機会があり、私の格好はどういう印象かと聞くと、「一生懸命働いてきたことが、身につけているモノで分かる格好」との評価でした。やんわりと言っ

てくれていますが、要は「何となくお金がかかっているのは分かるけど、ファッションセンスはいまいち」ということなのでしょう。

確かにファッション業界の友人などと一緒にいると、みんな複数のアクセサリーをバランスよくつけたり、洋服とアクセサリーのトータルコーディネートが素晴らしかったりするのですが、私は失敗のないワンピースにシンプルなダイヤのネックレスなどで、お世辞にもファッショナブルとはいえないでしょう。

しかし、私はファッションの世界で生きているのではなく、資産形成の世界で生きているのですから、一生懸命働いてきた印象というのは、むしろ私にとっては褒め言葉なのです。

私の資産は、私自身を反映しています。私が時間をかけて選んできたもので、私のモットーとする〝**長く楽しめる**〟コーディネートですから、他人と比べて自信をなくすこともなく、他のモノを買ってみるとかいうことも絶対にありません。

人それぞれ人生が違うように、どういう資産を築くかも人それぞれです。

人それぞれに持っている趣味や知識、住む地域は違いますので、**「自分ならでは」の目線を活かして資産になるモノを見つけていってください**。

客観的にも価値があり、自分が好きなものを選んだとき、資産は自分自身を反映するものとなり、ひいては、オンリーワンの資産形成ができるのです。

人生の選択にも役に立つ、資産選びの目

大好きで結婚したのに、その数年後に離婚を迎えたり、どうしても入りたかった会社だったのに、その数年後に転職していたり、人の気持ちは結構変わります。

理由はさまざまあるでしょうが、パートナーでも就職した会社でも、好きになったポイントが「時がたつと変わるもの」だったりすると、一生の誓いを無残にも破る結果になりやすいといえます。

資産を見る目とは、一生変わらない価値を優先して、将来の自分も考えて、長く使えるモノを選ぶということです。これは、人生の選択にも役に立ちます。

例えば、パートナー選び。

とにかく外見が好みでそれを理由に結婚相手を選ぶなら、外見は年を重ねるごとにシワが増えたり、体型が崩れて変化していくものですから、それが許容できないのであればオススメしません。食事の好みや趣味が合うなどで選ぶ方が、一生変わらない価値といえるでしょう。

また、パートナーの働いている会社とそこでの役職に魅力を感じて結婚したとするなら、「会

社を辞めて独立したい」と言われた瞬間に愛が急速に冷めてしまうかもしれません。

日々の生活の中で、モノを選ぶときにどうやって資産を取り入れるかを実践していると、資産形成以外で決断するときでも、そのときの感情に流されず、冷静で客観的な判断ができるのです。

入学や就職、結婚や出産など、人生の節目は、何かを決断するときです。資産を選ぶことを日々実践していれば、一生価値が変わらないことを優先して考える習慣ができていますので、人生における大切な決断をうまく乗り越えられるでしょう。

資産形成マインドを持って、主体性のある人生を

先ほども述べましたが、人の気持ちは変わります。

一生の誓いをしたとしても、日々の生活に追われていると、その気持ちは忘れがちになります。盛大に行った結婚式も、日々の生活の中では遠い昔の出来事です。パートナーへの尊敬の念や感謝の気持ちも薄れがちです。しかし、資産は裏切りません。

今も楽しめる資産を持っていると、「あの頃は……」と過去を美化せずに、前向きに生活できます。日々の暮らしの中で、長く使える資産に囲まれていると、幸せを感じる要素になります。

結婚であれば、「一生に一度のことなんだから、資産になるかならないかなどという基準で考えるのはおかしい」、子育てであれば、「自分のキャリアが資産なんていわず、子どものことを考えたら、子育てに集中すべき」などの意見があるかもしれません。でも、それはすべて感情論。必ずしも将来まで考えた現実に向き合ってはいないのです。

資産になるものと資産にならないものとを天秤《てんびん》にかけて選択していくことは、長い目で見たら大きな違いを生みます。そして、感情に任せた判断をしないからこそ、後から「あのときはこんなふうに思っていたけど、どうしてそんな選択をしてしまったのだろう」と後悔することも減るのです。

資産形成は、一定の条件がないとできないことではなく、自分の周りから少しずつ始められます。

資産形成マインドを持つのは、誰でもいつでも始められるのです。

速いスピードで物事が変わっている現在、手遅れにならないように、資産づくりを今すぐ始めてください。そして、始める前との違いを実感してほしいと思います。

あとがき

本書の中で「自分の未来を想像しながらモノを選ぶ」と書きましたが、先日、結婚13年目にして結婚10周年の記念アイテムを購入しました。何を買ったかは伏せておきますが、「10年先も家族が楽しめるもの」という考えのもと、結婚8年目あたりから何を購入するかを考え始めました。アイテムを決め、いざ探し始めると、ぴったりくるものを見つけるまでに時間がかかり、結局13年目を迎えてしまいました。

計5年間も購入するまでに時間がかかったことになりますが、今は、やっと購入したという達成感と若干の疲労感もあり、価値のあるお気に入りアイテムが増えたという満足感はこれから時間をかけて増幅していくと思っています。

それから、「キャリアは資産」「10年後の価値に重点を置いて物事を見る」とも書きましたが、2016年に運用会社での株式アナリストから独立したのも、10年後の自分資産の価値を意識してのものです。次の10年の自分資産を考えたときに、アナリストとしてのキャリアを深めていくか、30代のうちに新しいことに挑戦するかを考えて決断したのです。

このように私自身も資産形成マインドを取り入れて日々資産を増やしているとともに、自分の選択したことが資産となって残っていくことを楽しんでいます。

自分次第でできるのが「資産形成」で、資産形成を意識してお金を使ったり、決断したりすることで、主体性のある人生を過ごせるのです。この本を読んでくださった方々も、資産形成マインドで、お金の使い方を変え、人生の流れを変え、主体性のある人生を送ることができるよう願っています。そして、多くの人が資産形成マインドを持ってお金を使うことこそが、日本経済にとっての明るい材料になるのではないでしょうか。

最後に、この本の企画から出版まで支えてくれた時事通信出版局の舟川修一さんと天野里美さん、執筆に集中できる環境をつくってくれた夫と娘たちに心から感謝します。

2018年11月

垣屋　美智子

【著者紹介】
垣屋 美智子（かきや・みちこ）
株式会社 HAM 代表取締役

日本生まれ香港育ち。香港で高校を卒業したのち、単身渡米、University of California, Berkeley 卒業。株式会社ソニー・コンピュータエンタテインメント（現ソニー・インタラクティブエンタテインメント）で役員秘書としてキャリアをスタート。2006 年から 2016 年まで外資系証券会社、外資系運用会社にて株式アナリストとして、テクノロジー企業の業界調査や業績分析に従事。その後、株式会社 HAM を創業、代表取締役に就任。経営者や中小企業向けにアセットアドバイザリーを行う。

使《つか》えば増《ふ》える！ お金《かね》の法則《ルール》

ワクワクしながら資産《しさん》づくり

2018 年 11 月 30 日　初版発行

著　　者　垣屋 美智子
発 行 者　松永　努
発 行 所　株式会社時事通信出版局
発　　売　株式会社時事通信社
〒 104-8178　東京都中央区銀座 5-15-8
電話 03(5565)2155　http://book.jiji.com
印刷・製本　株式会社太平印刷社

装　　幀　株式会社イオック
イラスト　すずき匠
フォト　篠田英美
企画協力　ＮＰＯ法人企画のたまご屋さん

ISBN978-4-7887-1591-2　C0033　Printed in Japan